Ja, nein, vielleicht?

Entscheidungen leichter treffen

Impressum

Bibliographische Information Der Deutschen Bibliothek:
Die Deutsche Bibliothek verzeichnet diese Publikation in der Deutschen Nationalbibliographie; detaillierte bibliographische Daten sind im Internet über http://dnb.ddb.de abrufbar.

BW Bildung und Wissen
Verlag und Software GmbH
Südwestpark 82
90449 Nürnberg

Tel. 0911 / 9676-175
Fax 0911 / 9676-189
E-Mail: serviceteam@bwverlag.de
http://www.bwverlag.de

Umschlaggestaltung: Karin Lang, Nürnberg
Titelfoto: Peter Dörfel, Nürnberg
Lektorat: Folio · Marion Voigt, Zirndorf
Layout: Karin Lang, Nürnberg
Satz: Rolf Wolle, Fürth
Druck: Druckhaus Oberpfalz, Amberg

ISBN 3-8214-3002-8

Gitte Härter

Ja, nein, vielleicht?

Entscheidungen leichter treffen

lebensrat

Inhaltsverzeichnis

Immer diese Entscheidungen!

Täglich treffen wir Entscheidungen – kleine und große, spontane und überlegte, schnelle und langwierige. Manche entscheidenden Situationen unterschätzt man, anderen misst man viel Bedeutung bei. Manchmal womöglich zu viel. Selbst wenn Sie zu den Menschen gehören, die an und für sich entscheidungsfreudig sind und zu ihren Entscheidungen stehen, kennen Sie bestimmt das Gefühl, wenn es knifflig wird, wenn sehr viel „dranhängt" – und wünschen sich vielleicht mehr Sicherheit und geeignete Methoden, um noch besser und überlegter vorzugehen. Denn so viel ist klar: Es gibt Entscheidungen, die buchstäblich unser Leben verändern. Zum einen gehören dazu natürlich die „großen" Entscheidungen wie Partner-, Orts- und Berufswahl. Es fallen jedoch auch die kleinen Entscheidungen darunter: Sie sind zu einer Feier eingeladen, haben aber keine Lust hinzugehen. Wenn Sie hingehen, lernen Sie möglicherweise Leute kennen, die Ihr Leben verändern – die einen neuen Kontakt herstellen, Ihnen eine ungewöhnliche Idee oder einen verblüffenden Aha-Effekt bescheren.

Sie werden sehen, dass das Thema „Entscheidungen" sehr komplex ist. Neben allgemein gültigen Vorgehensweisen und hilfreichen Methoden gilt: Am wichtigsten sind SIE! Wir alle gehen völlig unterschiedlich mit Fragen, Problemen, Situationen um. Und das, was für den einen Menschen schwierig ist, macht der andere mit links.

Ich habe für dieses Buch einige meiner Bekannten zu der Frage interviewt, wie leicht oder schwer ihnen Entscheidungen fallen, was sie als Hindernis empfinden und welche Tipps sie zu Vorgehensweisen haben. An dieser Stelle noch mal herzlichen Dank an Helena, Nike, Jutta, Ernst, Sabine, Evi, Barbara, Oliver, Anne, Petzi, Yasmin und Bettina. Nicht alle wussten mit Fragen zum Thema Entscheidungen etwas anzufangen. Bei einigen war der erste Impuls, dass sie nicht wirklich etwas dazu sagen könnten: Das Entscheiden – oder sich vor einer Entscheidung drücken – ist für manche ein so automatischer und oft schneller Prozess, dass sie sich der Abläufe im Kopf und im Bauch nicht immer wirklich bewusst sind.

Da Sie sich dieses Buch gekauft haben, gehe ich davon aus, dass Sie sich den Entscheidungsprozess einmal näher und ganz konkret ansehen möchten – und damit auch mehr über sich selbst und Ihre Entscheidungsfähigkeiten erfahren wollen.

Ich verspreche Ihnen, dass Sie Ihre Entscheidungsfähigkeit verbessern, wenn Sie nicht nur Tipps und Anregungen aus diesem Buch herausziehen, sondern sich vor allen Dingen intensiv mit sich selbst beschäftigen. Der erste Teil geht auf das gute Fundament ein: Ihre eigene Einstellung, Ihre Sicht der Dinge und Ihre Erfahrungen. Außerdem widmen wir uns ausführlich den Gefühlen, dem Einfluss des Umfelds sowie „Kopf und Bauch“, die ja nicht immer einer Meinung sind! Im zweiten Teil gehen wir Schritt für Schritt auf den Entscheidungsprozess ein: Wo fängt man am besten an, wenn man eine Entscheidung treffen möchte oder muss. Sie lernen außerdem hilfreiche Methoden kennen. „... und jetzt Action!“ heißt es im letzten Kapitel. Denn jede Entscheidung ist nur so gut wie ihre Umsetzung.

Entscheidungsfreude kann man lernen!

Viel Spaß beim Lesen!

Gitte Härter
gitte@selbstmarketing.de

Gebrauchsanweisung für dieses Buch

Ja, nein, vielleicht – Entscheidungen leichter treffen ist ein Arbeitsbuch. Um wirklich davon zu profitieren, ist es wichtig, dass Sie sich mit sich selbst, den eigenen Ansichten und Erfahrungen auseinander setzen. Dabei helfen Ihnen:

- Übungen und Leitfragen
- zahlreiche Selbst-Checks und Arbeitsblätter: Die Vorlagen dazu finden Sie auf der CD-ROM, die diesem Buch beiliegt.

Nehmen Sie sich Zeit und Ruhe, um die Selbst-Checks und Übungen konzentriert durchzuführen. Beginnen Sie einfach mit den Themen, die Sie beim Lesen am meisten ansprechen. Auch wenn Sie jemand sind, der lieber direkt am Computer arbeitet, möchte ich anregen, dass Sie Brainstormings und erste Überlegungen immer mit Stift und Papier durchführen. Es ergibt einen Unterschied im Gedankenprozess, mit welchen Werkzeugen und in welcher Umgebung Sie arbeiten. Direkt in den PC zu schreiben kann außerdem dazu führen, dass Sie versuchen, sofort perfekt zu formulieren – oder Sie empfinden die Auseinandersetzung mit sich selbst als „Arbeit" und Druck, weil der Computer eine entsprechende Atmosphäre schafft.

Gehen Sie mit Neugier ran! Zensieren Sie sich nicht selbst, sondern lassen Sie alles zu, was kommt. Am besten ist es, alle Gedanken aufzuschreiben. Sie werden sehen, dass schon das Formulieren viel Klarheit schafft. Außerdem können Sie hinterher mit diesen Notizen sehr gut weiterarbeiten und darauf aufbauen.

Interview:

„Es gibt nichts Bequemeres im Leben als den Satz ‚Ich hatte keine Wahl'."

Nike, 32, sagt von sich, ihr Motto sei „Change & Choice". Nach hektischen Jahren im Job als Fernsehjournalistin hat sie sich vor einem Jahr für die Familie entschieden und macht derzeit Babypause.

Was genau hat es mit deinem Lebensmotto auf sich?

Change (Veränderung) steht an erster Stelle, weil es der Motor ist, der nicht nur mein Leben, sondern die ganze Welt in Bewegung hält. Alles verändert sich, immerzu: Das fängt bei unserem eigenen Körper, unserem Bewusstsein an und erstreckt sich über unsere Welt bis ins Universum hinein. Alle Dinge sind einem stetigen Wandel unterworfen. Unsere Zellen verfallen, neue werden gebildet, unser Körper altert. Unser Umfeld verändert sich, wir stehen morgens auf, lernen neue Menschen kennen, verlieben uns, lesen ein Buch, verlieren einen wichtigen Menschen, schauen zum Fenster raus, wechseln den Job, gehen chinesisch essen, lernen Neues dazu, heiraten, führen ein Gespräch, kriegen Kinder, sehen sie groß werden. Alles davon, auch die kleinen, unscheinbaren Dinge, verändern uns. Und wir verändern die Welt um uns herum. Es ist wichtig, das zu erkennen und sich zu Eigen zu machen. Das bedeutet: Wenn ich akzeptiere, dass sich ohnehin alles ständig verändert, kann ich mit Veränderungen in meinem Leben besser umgehen. Ohne Angst. Denn die meisten haben Angst vor Veränderungen. Sie assoziieren Veränderungen mit Verlust, zumindest aber mit unerforschtem Terrain.

Ich finde, Neuland birgt immer eine große Chance. Es ist eine Herausforderung, den Fluss der Veränderung im Leben zu erkennen und zu akzeptieren, damit ich nicht willenlos im Strom treibe, sondern mit kräftigen Schwimmstößen die Richtung entscheiden kann. Frei wählen kann.

Darum auch Choice (Wahlmöglichkeit): Es gibt nichts Bequemeres im Leben als den Satz „Ich hatte keine Wahl". Wir haben IMMER eine Wahl. Sie gefällt uns nur bisweilen nicht. Manchmal scheinen wir im Leben vor nichts als schlechten Möglichkeiten und verschlossenen Türen zu stehen. Doch gerade dann ist es wichtig zu erkennen: Ich kann – und muss – mich frei entscheiden. Wenn ich es nicht tue, wird die Entscheidung von anderer Seite gefällt, aber dann sind mir die Fäden aus der Hand genommen. Ich kann zu jeder Zeit über mein Leben bestimmen, ich bin nichts und niemandem hilflos ausgeliefert – das ist ein Gefühl, das stark macht!

Die maßgeblichste Entscheidung, die auch die größte Veränderung in meinem Leben bewirkte, war die für ein Kind. Vom 16-Stunden-Job in einer Fernsehredaktion zum 24-Stunden-Job einer Mama. Ich habe mich bewusst und vollständig für das Kind entschieden und werde auch die ersten drei Jahre nicht arbeiten gehen. Für mein Leben war das eine 180-Grad-Wendung. Vorher war ich kaum zu Hause, hetzte von einem Termin zum nächsten, war viel unterwegs, hatte täglich Kontakt zu Dutzenden von Menschen. Jetzt bin ich meistens zu Hause und kümmere mich um meinen Sohn. Ich bin vom Workaholismus geheilt und genieße es, mein Kind wachsen und lernen zu sehen.

Doch das Wichtigste, das mir immer wieder Backup für mein Leben gibt, ist, dass ich frei entscheiden konnte. Mein Mann hat mir die Möglichkeit offen gelassen, nach drei Monaten wieder arbeiten zu gehen, dann wäre er bei unserem Kind geblieben. Ich konnte also wirklich wählen, und an jedem Tag, den ich zu Hause bin, weiß ich, dass es das war, was ich wollte. Das heißt natürlich auch, dass ich jederzeit bereit sein muss, Verantwortung zu übernehmen: für mich, für mein Leben und für meine Entscheidungen.

Erster Teil: Ein gutes Fundament schaffen

> *„Entscheidungsfreude ist für manchen die Freude darüber, dass ein anderer entschieden hat.“*
> Ole Anders

1. Entscheidungsfreude & Entscheidungsfrust

Wenn es um Entscheidungen geht, denkt man meist direkt an die großen, lebensverändernden Situationen oder Weggabelungen. Dabei trifft man jeden Tag aufs Neue eine ganze Menge Entscheidungen – viele davon ganz nebenbei oder unbewusst. Wie leicht oder schwer wir uns mit Entscheidungen tun, ist sehr unterschiedlich.

O-Ton Sabine: „Manchmal hilft es mir auch, mir klar zu machen, dass ich mich pausenlos für oder gegen etwas entscheide, ohne dass mir das immer bewusst ist (z. B. Ziehe ich jetzt die blaue oder die rote Hose an? Fahre ich mit dem Fahrrad oder mit der U-Bahn zur Arbeit? Gehe ich erst zum Einkaufen und hinterher zum Sport?), und dass ich dann im Ergebnis mit der Entscheidung lebe. Ständig gibt es mehrere Möglichkeiten, und jede Entscheidung bringt bestimmte Geschehnisse in Gang beziehungsweise lässt sie meinen Weg kreuzen. Hätte ich mich anders entschieden, wäre der entsprechende Tag vielleicht ganz anders verlaufen.“

Entscheidungen sind ganz schön komplex

Wie Sie im Laufe des Buches sehen werden, ist das Entscheiden sehr viel komplexer, als man gemeinhin denkt – und in den vielen Aspekten und Zwischentönen liegen gleichzeitig die Chancen: Denn man kann sich die eigenen Vorgehensweisen bewusst machen, daraus lernen und sie verfeinern. Entsprechend geht es im ersten Teil ausschließlich um Sie selbst – und erst im zweiten Teil wenden wir uns den konkreten Entscheidungen zu.

Wie wir Fragestellungen angehen, ist ebenfalls individuell verschieden. Nehmen wir ein simples Beispiel: einen Restaurantbesuch. Wonach entscheiden Sie, was Sie bestellen?

- Überlegen Sie sich einfach, worauf Sie gerade Appetit haben?
- Wissen Sie schon im Vorfeld, was Sie essen werden?
- Rechnen Sie aus, wie viel Geld Sie ausgeben möchten?
- Gehen Sie nach Menge (eine Portion ist größer als die andere)?
- Beziehen Sie mit ein, was Ihre Begleiter bestellen – denn Sie könnten ja neidisch sein, wenn jemand etwas bestellt, was Ihnen im Nachhinein besser vorkommt als Ihre eigene Bestellung?
- Essen Sie auswärts nur etwas, was Sie bereits kennen?
- Überlegen Sie, ob es derzeit bestimmte Lebensmittel gibt, die man meiden sollte (z. B. bestimmte Fleischsorten)?
- Bestellen Sie im Restaurant grundsätzlich nur Gerichte, die Sie zu Hause nicht selbst kochen?
- Oder bestellen Sie auf keinen Fall etwas, von dem Sie wissen, dass Sie es zu Hause oder in einem anderen Lokal viel besser zubereitet bekommen?

Anhand dieses alltäglichen Beispiels zeigt sich bereits, wie komplex auch eine einfache Entscheidung sein kann. Der ganze Prozess läuft üblicherweise automatisch ab. Manchmal nimmt man solcherlei Überlegungen gar nicht mehr wahr, sondern ist auf „Autopilot" geschaltet. Hinzu kommt das eigene Temperament. Trifft man gern und schnell Entscheidungen? Oder ist es eher unangenehm? Steht man hinter der Entscheidung? Oder befallen einen Zweifel („Hätte ich doch!")? Braucht man lange, um Für und Wider abzuwägen – oder geht das Ganze zack, zack? Jede Entscheidung hat also verschiedene Aspekte:

- Ich selbst (bezogen auf die Entscheidung)
- Ich selbst (die eigene Persönlichkeit)
- die Situation/Sache, die es zu entscheiden gilt
- die Aspekte, die auch davon betroffen sind
- die Konsequenzen, die sich aus dieser Entscheidung ergeben

- andere, die direkt betroffen sind
- andere aus dem eigenen Umfeld, die nicht direkt betroffen sind
- die Aspekte, die man eventuell zurücksteckt/aufgibt

Wie entscheidungsfreudig jemand ist, hängt von mehreren Aspekten ab:

- persönliches Profil und Selbstverständnis
- Selbstsicherheit (persönlich und im Umgang mit anderen Menschen)
- Selbstverantwortung
- Sicherheitsbedürfnis
- Mix aus Risikobereitschaft und Fehlertoleranz
- „Habe ich alle wichtigen Informationen, um die für mich richtige Entscheidung zu treffen? Weiß ich, wie man strukturiert vorgeht, um entsprechend abwägen zu können?"

Auf alle diese Einzelaspekte geht dieses Buch ausführlich ein und bietet Ihnen eine Fülle praxisnaher Hilfestellungen und Werkzeuge.

O-Ton Anne: „Für Paare/Freunde ganz gut: Mal zur Übung ein halbes Stündchen den anderen alle Entscheidungen treffen lassen: Gehen wir rechts oder links lang, essen wir ein Eis? Welches? Solchen Kleinkram halt ... Es kann ganz schön entspannend sein, mal ein halbes Stündchen nix entscheiden zu müssen, und kann außerdem für eine Beziehung eine sehr spannende Erfahrung sein. Oder auch mal zum Spaß eine Entscheidung auswürfeln ... Sollte man aber wohl eher bei Kleinigkeiten machen ..."

Was hat das Ganze mit Risikobereitschaft zu tun?

Sie kennen die einschlägigen Sprüche sicher: „No risk, no fun", „Augen zu und durch", „Es gibt keine Garantien im Leben" ... Und so banal diese Sätze klingen mögen, es steckt schon ganz viel Wahres drin: Denn immer wieder stehen wir vor Entscheidungen, bei denen keineswegs alle Folgen abzusehen sind. Der Wunsch, möglichst perfekt vorherzusehen, wie sich eine Entscheidung auswirkt, ist gleichzeitig eine der größten Entscheidungsbremsen (siehe Seite 64).

O-Ton Yasmin: „Als ich eine Eigentumswohnung kaufen wollte, hab ich mir intensiv Gedanken gemacht und viele Wohnungen angesehen. Ein Bekannter sagte mir, ich solle nicht den Anspruch haben, eine Wohnung FÜRS LEBEN zu suchen. Diesen Fehler machten viele – so komme man aber nicht voran. Ab diesem Rat ging die Suche plötzlich viel leichter. Mit meiner jetzigen Wohnung fühle ich mich sehr wohl und bin froh, dass ich mich für sie entschieden haben. Auch wenn sie nicht perfekt ist."

Tatsächlich kommt es selten bis nie vor, dass man wirklich alles weiß oder abklopfen kann, um dann mit 100-prozentiger Sicherheit zu entscheiden. Daraus folgt natürlich umgekehrt, dass wir ein gewisses Maß an Risikobereitschaft brauchen, um entscheidungsfreudig(er) zu werden. Das hört sich einfach an. Für manche Menschen ist jedoch die Ungewissheit ein großes Problem, zum Beispiel, wenn sie

- sehr sicherheitsbedürftig sind,
- sich mit einer vertrauten Situation wohl fühlen und Veränderungen scheuen oder
- unsicher sind, ob sie mit den Folgen der Entscheidung zurechtkommen beziehungsweise die Verantwortung dafür tragen möchten.

Denn so wenig, wie im Vorfeld Klarheit über alle Aspekte der zu entscheidenden Frage besteht, so wenig gibt es eine Garantie dafür, dass Sie die richtige Entscheidung treffen. Ihre Wahl kann sich unmittelbar nach Abschluss des Entscheidungsprozesses als falsch herausstellen – oder auch erst lange danach im Rückblick.

... Beispiele: Die Office Managerin nimmt freudig eine neue Position an, deren Beschreibung sich wie ihr Traumjob anhörte – noch in der Probezeit erweist sich die Stelle als das genaue Gegenteil.

Der Mittvierziger hadert seit fast zwanzig Jahren damit, dass er mit Mitte 20 sein Studium abgebrochen hat, und führt seine mangelnden Perspektiven sowie jeden beruflichen Fehlschlag darauf zurück.

Wie viel Risiko sollte man denn nun eingehen? Das ist selbstverständlich individuell völlig verschieden.

Sie können nur dann gute Entscheidungen treffen, wenn Sie auf jeden Fall Rücksicht auf Ihre eigenen Bedürfnisse nehmen!

Nach der Lektüre dieses Buches werden Sie zahlreiche handfeste Tipps und Vorgehensweisen kennen, die das Risiko bei einer Entscheidung verringern und Ihnen ein Gefühl der Sicherheit geben.

✔ Selbst-Check: Risikobereitschaft

Wie steht es mit Ihrem Mut zum Risiko?
Beantworten Sie sich folgende Fragen (am besten schriftlich!):

1. Was heißt für mich Risikobereitschaft? Was gehört für mich dazu?

2. Wie schätze ich mich selbst in dieser Beziehung ein?

3. Wäre ich gern mutiger? Wenn ja: In welcher Beziehung?

4. Was heißt Mut für mich? Wie wäre ich, wenn ich mutiger wäre? (Achtung: Bitte beschreiben Sie hier, wie Sie sich verhalten/fühlen würden, und nicht etwa, was Sie mit mehr Mut tun würden.)

5. Was sind meine Ziele in Bezug auf Risikobereitschaft? Was führt dazu, dass ich mich in dieser Beziehung besser und sicherer fühle?

6. Wie würde ich mich verhalten/was würde ich tun, wenn ich risikobereiter wäre? Woran merke ich, dass ich Fortschritte gemacht habe?

Diesen Selbst-Check finden Sie auch auf der beiliegenden CD.

Die Sache mit den Konsequenzen

Jede Entscheidung hat Konsequenzen. So paradox es klingt: Auch eine nicht getroffene Entscheidung ist eine. Entweder Sie entscheiden sich dafür, den Status quo beizubehalten, oder es ist Ihnen momentan wichtig, nicht bewusst in eine Sache einzugreifen, etwas aufzuschieben oder die Dinge auf sich zukommen zu lassen.

Das ist absolut okay – wenn es für Sie in Ordnung ist! Es gibt Menschen, die lieber schauen, „was sich tut", die den Umständen und der Zeit die Entscheidungshoheit überlassen. Diese passivere Art der Lebensführung muss nicht schlecht sein. Das wäre nur dann der Fall, wenn sich jemand passiv verhält und darunter leidet. So banal der Spruch „Jeder ist seines Glückes Schmied" klingt, so wahr ist sein Kern: Wer aktiv sein Leben und seinen Weg steuert, kann auch viel konkreter seine Ziele verwirklichen und seine Lebensqualität steigern. Natürlich gibt es auch noch die passiv-aktive Variante: Das bedeutet, Anstöße/Vorschläge von anderen aktiv und bewusst zu prüfen, um darauf basierend die eigene Entscheidung zu treffen (mehr dazu ab Seite 103).

Zurück zu den Konsequenzen: Jede Entscheidung zieht bestimmte Folgen nach sich. Idealerweise kennt man diese – zumindest teilweise – und bezieht sie aktiv in den Entscheidungsprozess mit ein (siehe „Schritt für Schritt zur Entscheidung" Seite 91 ff.). Das hat den Vorteil, dass man sich im Vorfeld bereits auf Eventualitäten einstellen kann und sich auch ganz bewusst für diese Konsequenzen entscheidet.

„Konsequenzen" müssen übrigens nicht unbedingt etwas Unangenehmes sein. Tatsächlich können sich aus den Folgen einer Entscheidung sogar schöne Zusatznutzen ergeben, entweder automatisch oder durch Ihre aktive Mithilfe. Und dennoch denken die meisten Menschen, wenn es um Konsequenzen geht, fast ausschließlich an negative Möglichkeiten – an das, was alles passieren könnte. Die Spekulationen, mit denen wir uns beschäftigen, kreisen besonders oft um die unerfreulichsten Szenarien.

Das Reich der Spekulationen
Überlegungen anstellen, Erwartungen formulieren, sich auf Eventualitäten einstellen – all dies kann sehr hilfreich sein. Insbesondere wenn man persönlich stark betroffen ist, wird man jedoch schnell einseitig. Man spekuliert entweder zu stark in die positive Richtung und blendet aus, was nicht ins Bild passt. Oder man redet sich negative Konsequenzen regelrecht ein. Wenn man das intensiv genug macht, verwechselt man schnell mal Spekulationen mit Tatsachen.

Es ist sehr wichtig, sich bewusst zu machen, wo das „Reich der Spekulationen" beginnt. Das ausgemalte Szenario ist immer nur eine von vielen Möglichkeiten. Um im Spekulationsstrudel einen klaren Kopf zu bewahren, kann man sich einfach klar machen, dass man spekuliert. Versuchen Sie möglichst viele weitere Varianten zu finden: Was könnte noch der Fall sein? Wie könnte sich die Person noch verhalten? Welche positiven/neutralen/negativen Konsequenzen wären außerdem denkbar? Arbeiten Sie hier auch bewusst mit Möglichkeiten, die Sie für wenig wahrscheinlich halten oder die vielleicht tatsächlich absurd sind. Das erweitert nicht nur Ihren Horizont und Ihre innere Bereitschaft, in die Breite zu denken, sondern es nimmt auch Anspannung aus verfahrenen Denkprozessen.

Hand in Hand mit der bereits angesprochenen Bereitschaft, Unwägbarkeiten oder regelrechte Risiken zu akzeptieren, geht die Fehlertoleranz. Wer den Anspruch hat, die perfekte Entscheidung treffen zu müssen, bremst sich aus, denn so läuft das Leben nicht: Sie können sich wunderbar vorbereiten, Sie können sehr viel dafür tun, um die Entscheidung für sich abzusichern – doch auch dann werden Sie niemals eine Garantie haben, dass die Zukunft genauso verläuft, wie Sie es sich vorgestellt haben. Und hier sind Sie wieder ganz persönlich gefragt.

Selbst-Check: Wie gehe ich mit Fehlern um?

Überlegen Sie sich, welche der vorgeschlagenen Antworten auf Sie zutreffen und welche Gedanken Sie dabei bewegen:

1. Wenn ich einen Fehler mache,
   - ☐ ärgere ich mich oft über einen langen Zeitraum.
   - ☐ bin ich oft richtiggehend wütend/beschimpfe mich eventuell sogar.
   - ☐ kann ich schon mal kräftig die Augen rollen, nehme es aber locker: Fehler passieren eben.
   - ☐ lache ich herzlich, wenn es sich um einen blödsinnigen Fehler handelt.
   - ☐ analysiere ich im Nachhinein, was genau los war, um aus dem Fehler zu lernen.
   - ☐ verzeihe ich mir das, aber wehe, mir unterläuft der Fehler noch mal!
   - ☐ versuche ich, ihn vor anderen zu verbergen.
   - ☐ gestehe ich ihn mir selbst nicht ein beziehungsweise verdränge das Ganze.
   - ☐ verbringe ich manchmal schlaflose Nächte.

   - ☐ ....

     ....

     ....

2. Begründen Sie Ihre Antwort(en) etwas differenzierter: Auf welche Art von Fehlern kommt es Ihnen an? Verändert sich das Verhalten mit den Beteiligten? Kommt es auf Ihre Tagesform an, oder zieht sich da etwas durch Ihre Persönlichkeit/durch Ihr Privat- und Berufsleben?

3. Welche privaten/beruflichen Fehler fallen Ihnen spontan ein? Was war da genau los? Wie wichtig war die Sache für Sie? Wie haben Sie sich gefühlt? Wie haben Sie sich damals verhalten? Wie sind Sie damit umgegangen beziehungsweise haben Sie den Fehler gelöst?

4. Nehmen Sie sich nun diese Erinnerungen noch mal vor: Wie wichtig war die Sache damals – als Sie mitten in der Situation steckten –, und wie haben Sie sich verhalten/gefühlt? Wie ist es im Rückblick? Welchen Stellenwert räumen Sie der Sache nun ein? Wie würden Sie sich heute verhalten/damit umgehen?

Diesen Selbst-Check finden Sie auch auf der beiliegenden CD.

Wenn eine Entscheidung Angst macht

Richtig übel ist es, wenn man sich in Situationen entscheiden muss, die einem Angst machen:

- Man weiß, man müsste/möchte seine Beziehung beenden, aber hat große Angst davor, diesen Schritt zu tun.
- Der Traumjob winkt – aber im Ausland. Und nun steht die Entscheidung an, den Lebensmittelpunkt in ein fremdes Land zu verlegen.
- Der Partner möchte endlich Nägel mit Köpfen machen und eine Familie gründen: Hochzeit und Kinder …
- Es wird einem ein neuer Aufgabenbereich im Job angeboten: Endlich! Nur: Jetzt zittern die Knie bei dem Gedanken, so große Verantwortung zu übernehmen.

Natürlich werden Angst auslösende Situationen sehr unterschiedlich empfunden. Die Beispiele sind bewusst gewählt und beziehen sich auf größere, teilweise „endgültige" Entscheidungen. Doch kann es natürlich genauso Angst machen, weniger schwer wiegende Fragen zu entscheiden. Etwa den Empfang einer Lieferung unterschriftlich zu bestätigen.

Wenn Ihnen eine Entscheidung – oder generell das Entscheiden – Angst macht, ist es wichtig, dass Sie

- sich Ihre Angst zugestehen! Sie dürfen Angst haben. Lassen Sie sich bitte nicht einreden (bzw. tun Sie es nicht selbst), dass Angst Quatsch ist oder unnötig. Wenn Sie ängstlich sind, dann hat das schon seine Gründe.
- Ihren Ängsten konkret ins Auge sehen und nicht versuchen, sie wegzuschieben. Das erreichen Sie am besten, indem Sie mal versuchen, (schriftlich) in Worte zu fassen, was Sie ängstigt und, wenn Sie es näher benennen können, weswegen. Sie sollten die Ängste konkretisieren.
- sich Ihrer Ängste bewusst sind – aber auch bewusst damit umgehen! Also nicht die Angst die Herrschaft übernehmen lassen.

Angst – oder Befürchtungen – zu haben ist eine sehr wichtige und hilfreiche Eigenschaft, sofern Sie sie richtig nutzen! Denn wenn Sie bereits im

Vorfeld, spätestens aber in der Entscheidungsphase, ihre Befürchtungen näher anschauen, dann

- können Sie die Aspekte berücksichtigen, die Ihnen Bauchweh verursachen, und so eine noch bessere Entscheidung treffen.
- werden Sie möglicherweise auf bestimmte Aspekte besonders aufmerksam achten, die vielleicht nur am Rande mit der Entscheidung zu tun haben (vielleicht ist es eine mögliche Folge der Entscheidung, die Sie ängstigt).
- versetzen Sie sich erst in die Lage, eine Lösung dafür zu finden.

▸ Übung: Konkret werden!

Nehmen Sie sich die Sache, mit der Sie konfrontiert sind, vor: Das kann etwas sein, das Ihnen im Alltag immer wieder begegnet, oder eine „Einzel-Entscheidung". Überlegen Sie sich darauf bezogen:

1. Wovor genau habe ich Angst/was befürchte ich?
2. Welche/r Aspekt/e der Entscheidung macht mir Angst? Warum konkret?
3. Was sind damit verbundene Folgen?
4. Was wäre (jeweils) das Schlimmste, was passieren könnte?
5. Wie müsste es sein, damit ich mich damit wohl(er) fühle? Was wäre eine mögliche Lösung?

Mehr zum Umgang mit Gefühlen bei Entscheidungen im dritten Kapitel, ab Seite 61.

Private und berufliche Entscheidungen

Unterscheiden Sie zwischen privaten oder beruflichen Entscheidungen? Auch das kann sich natürlich auf die Entscheidungsfreudigkeit auswirken: Für die einen ist es einfacher, im Job zu sagen, was Sache ist, und quasi als Vertreter des Unternehmens oder in einer bestimmten Funktion etwas zu entscheiden. Für andere birgt dieser Aspekt mehr Schwierigkeiten: Denn plötzlich ist man für Firmenaktivitäten und die damit verbundenen Folgen verantwortlich.

O-Ton Liz: „Beruflich habe ich immer wie selbstverständlich Entscheidungen getroffen und auch die Verantwortung dafür übernommen: von Fachfragen bis hin zu Management- oder Personalthemen. Ich war oft selbst erstaunt, wie schnell ich Situationen erfasst und dann gleich losgelegt habe. Dabei habe ich alles immer wie eine mathematische Gleichung gesehen: Wenn ich das tue, ist das Ergebnis dieses ... wenn nicht, dann jenes ... Dabei ist mir vermutlich deshalb alles viel leichter gefallen, weil ich gefühlsmäßig nicht so involviert bin – es sind nicht wirklich persönliche Entscheidungen für mich."

Ungut ist es, sich bei Entscheidungen hinter anderen zu verstecken oder sie von einer bestimmten Funktion abhängig zu machen. Manche Menschen schieben bei Entscheidungen externe Gründe oder andere Personen vor.

... Beispiel: Ein Kunde ruft an und möchte über einen Preisnachlass verhandeln. Der Mitarbeiter des Unternehmens lehnt diesen Nachlass jedoch ab. Er begründet das mit Firmenvorschriften.

Das berufliche Umfeld kann die eigene Entscheidungsfähigkeit auch blockieren. Zum Beispiel dann, wenn eine Atmosphäre herrscht, die keine Eigenverantwortlichkeit fördert. Dies beruht jedoch mitunter auf einem Missverständnis:

... Beispiel: Eine Mitarbeiterin der Team-Assistenten-Abteilung bemerkt, dass das Ablagesystem fehleranfällig und die Ablage generell in Verzug ist. Sie hat eine klare Vorstellung, wie dies gelöst werden kann: Unter anderem wäre ein neues Ablagesystem notwendig, das auch die Arbeit für alle verändern würde. Die Mitarbeiterin fühlt sich jedoch nicht berechtigt, eine solche Entscheidung zu treffen – und behält ihre Einsichten deswegen für sich. Alles wäre anders, denkt sie sich, wenn sie die offizielle Autorität hätte, Neuerungen einzuführen.

Selbst-Check: Unterscheide ich zwischen beruflichen und privaten Entscheidungen?

Um die Entscheidungsfähigkeit abzuklopfen und zu verbessern, ist es auch wichtig, sich darüber bewusst zu werden, ob man sich bei beruflichen und privaten Entscheidungen unterschiedlich verhält. Hier einige Anhaltspunkte für Sie:

Verhalte ich mich bei beruflichen und bei privaten Entscheidungen unterschiedlich?

☐ Nein, ich fühle/verhalte mich beruflich und privat gleich (unabhängig davon, dass mir manche Entscheidungen leichter fallen als andere). Begründung:

....

....

☐ Ja, berufliche Entscheidungen fallen mir leichter, weil ...

....

....

☐ Ja, private Entscheidungen fallen mir leichter, weil ...

....

....

Bitte notieren Sie sich bei den letzten beiden Antworten auch Ihre Gedanken/Antworten dazu, warum Ihnen der jeweils andere Bereich schwerer fällt.

Diesen Selbst-Check finden Sie auch auf der beiliegenden CD.

Dahinter stehen, heißt die Devise

Sicher ist: Nur wer zu sich selbst und zu den eigenen Entscheidungen steht, kann guten Gewissens Entscheidungen treffen. Das heißt nicht, dass man immer die richtige oder die beste Entscheidung trifft. Vielleicht haben Sie sich etwas reiflich überlegt und schließlich entschieden, stellen aber im Rückblick fest, dass Sie die völlig falsche Wahl getroffen haben. „Dahinter stehen“ bedeutet, dass Sie eine Entscheidung vielleicht bereuen oder sie sogar als katastrophal empfinden können – gleichzeitig aber respektieren, dass Sie diesen Weg gewählt haben.

In meiner Zeit als Abteilungsleiterin eines Medienkonzerns habe ich meinen Mitarbeitern immer gesagt: „Wenn ihr euch über eine Sache Gedanken macht und nach gründlicher Überlegung für etwas entscheidet, kann diese Entscheidung nicht komplett falsch sein! Vielleicht war es nicht die beste Alternative, vielleicht stellt sie sich hinterher als weniger toll heraus – aber sie ist nicht komplett verkehrt, denn es gab Gründe für diese Entscheidung.“

Ihre persönlichen Gründe zählen immer!

Genau das ist die Basis für das Hinter-sich-und-den-eigenen-Entscheidungen-Stehen: Wer sich bewusst für oder gegen eine Sache entscheidet, hat immer Gründe. Und auf diese Gründe im Moment der Entscheidung kommt es an. Vielleicht sind es wichtige Fakten, die nach einigem Abwägen ausschlaggebend waren. Vielleicht ist es aber auch eine ganz persönliche Sache: Möglicherweise einfach „nur“ die Unfähigkeit, in einem bestimmten Moment etwas zu entscheiden. Auch das ist ein Grund.

Es gibt keinen allgemein gültigen Maßstab dafür, was „gilt“ und was nicht. Relevant ist jedoch, dass Sie sich Ihre Gründe ehrlich und direkt ansehen, um so etwaige Ablenkungsmanöver oder Ausreden rechtzeitig zu enttarnen.

Hinter der eigenen Entscheidung zu stehen hat auch sehr viel mit Respekt sich selbst gegenüber zu tun. Stehe ich zu mir? Respektiere ich mich und meine Entscheidung – auch wenn sie sich als nicht so toll herausstellen sollte? Und: Kurskorrekturen sind in den meisten Fällen möglich.

Sieben typische Fehler, wenn es um Entscheidungen geht

1. Entweder-oder-Denken

Dabei fühlt man sich wie an einer Weggabelung: entweder rechts oder links, ja oder nein, dafür oder dagegen. Tatsächlich gibt es in den meisten Fällen weitere Alternativen. Nicht nur, was Lösungswege angeht, sondern sogar was die Entscheidungssituation insgesamt betrifft.

2. Es geht um „Leben und Tod"

Die Bedeutung wird unverhältnismäßig aufgebläht. Man erschwert sich die Entscheidung, indem man sein Lebensglück davon abhängig macht. Beispielsweise bei einem Umzug in eine andere Stadt: Was ist, wenn ich für mein ganzes Leben unglücklich bin, weil ich mich für Hamburg entschieden habe?

3. Motivation: Flucht

Statt sich zu etwas hinzubewegen – und zuvor genau auszuloten, wohin –, ist der Antrieb da, so schnell wie möglich von etwas wegzukommen. Damit erweist man sich einen Bärendienst: Man läuft Gefahr, das Problem in eine neue Situation mitzunehmen. Und oft gibt es andere Möglichkeiten, die ungeliebte Situation zu lösen.

4. Falsche Baustelle

Die Entscheidung, mit der man sich herumschlägt, ist nicht die, um die es eigentlich geht, sondern betrifft ein Nebenthema. Beispiel: Jemand ist unglücklich mit seinem Leben und kommt auf die Idee, sich beruflich neu zu orientieren. Dabei wurzelt die Unzufriedenheit nicht im Beruf, sondern im Privatleben.

5. Sich selbst unter Druck setzen
Alle wissen, was sie wollen, nur Sie nicht? In Ihrem Alter sollten Sie sich eigentlich entscheiden können? Sie sind sauer, weil Sie immer alles ewig vor sich herschieben, bevor Sie zu Potte kommen (wenn überhaupt)? Eine so ungnädige Haltung zu sich selbst ist nicht nur unfair, sondern bringt Sie keinen Schritt weiter. Im Gegenteil.

6. Hadern
Sowohl mit der aktuellen Situation als auch mit früheren Weichenstellungen und Entscheidungen zu hadern, blockiert unnötig. Die Vergangenheit ist abgeschlossen. Sie haben sich jeweils für den Weg entschieden, der Ihnen damals sinnvoll erschien. Und in die Zukunft kann niemand schauen.

7. Die Nebelbombe
Die Nebelbombe betrifft meist einen Teilaspekt der Situation oder ein „verwandtes" Terrain. Mal handelt es sich um eine relevante Sache, mal nur um ein Ablenkungsmanöver, etwa wenn man vor etwas Angst hat oder eine Ausrede sucht. Beispiel: Ihr/e Partner/in hat Ihnen einen Heiratsantrag gemacht. Anstatt sich mit dieser konkreten Frage auseinander zu setzen, flüchten Sie sich in Philosophien darüber, ob Sie überhaupt beziehungsfähig sind.

„Entscheide lieber ungefähr richtig als genau falsch.“
Johann Wolfgang von Goethe

2. Ich & Entscheidungen

Unabhängig von jeder Methode, nach der Sie sich richten, oder jedem guten Rat, den Sie einholen: Am Ende hängt am meisten davon ab, welche Art von Persönlichkeit Sie sind, wie Sie „drauf“ sind. Das ist auch der Hauptgrund dafür, warum jeder von uns anders mit Entscheidungssituationen umgeht. Ein markantes Beispiel: Auf einer Feier lernte ich eine Mitdreißigerin kennen, die erst vor kurzem von einem längeren Auslandsaufenthalt zurückgekommen war. Ihr momentan größtes Problem bestand darin, sich in München niederzulassen. Obwohl sie vorher hier gelebt hatte und gern zurückgekommen war, fiel ihr die Entscheidung enorm schwer: „Einfach mein Zeug zu verkaufen, meine paar Sachen zu packen und auf Weltreise zu gehen, das war einfach für mich. Auch das Reisen durch verschiedene Länder und schließlich die Zeit in den USA fielen mir sehr leicht – obwohl ich niemanden kannte, oft kein Geld hatte und manchmal nicht wusste, wo ich am nächsten Tag hin sollte. Aber mich zu entscheiden, wieder hier in Deutschland zu bleiben, einen festen Job zu haben, eine Wohnung zu suchen und sie einzurichten, das macht mir so richtig Angst.“ Stellen Sie sich vor: Alles verkaufen, ein paar Habseligkeiten packen und ab ins Unbekannte, auf Weltreise gehen, ohne große Ersparnisse im Rücken, nie wissen, was morgen sein wird … das soll einfach sein? Eine Wohnung suchen, einen Job, finanzielle Sicherheit finden dagegen schwierig?

O-Ton Liz: „Gar nicht so einfach finde ich beispielsweise so alltägliche Entscheidungen wie ‚Bin ich krank genug, um zum Doktor zu gehen beziehungsweise von der Arbeit zu Hause zu bleiben?‘“

Fangen wir doch gleich mal mit einem Selbst-Check an! Auf den folgenden Seiten finden Sie einige Fragen, die Sie bitte schriftlich beantworten.

Selbst-Check: **Bestandsaufnahme**

Hier einige Fragen, die Ihnen dabei helfen, Ihre Einstellung zum Treffen von Entscheidungen zu konkretisieren. Bitte nehmen Sie sich Zeit und beantworten Sie in Ruhe – schriftlich – folgende Fragen:

1. Entscheidungen treffen heißt für mich …

   ....

   ....

2. Selbstverantwortung heißt für mich …

   ....

   ....

3. Ich

   ☐ treffe gern Entscheidungen, weil …

   ....

   ....

   ☐ treffe ungern Entscheidungen, weil …

   ....

   ....

   ☐ Ob ich Entscheidungen gern treffe, hängt davon ab, …

   ....

   ....

   ☐ Wenn eine Entscheidung nur mich betrifft, ist alles okay, weil …

   ....

   ....

- ☐ Wenn andere Leute ebenfalls betroffen sind, habe ich Schwierigkeiten, weil …

  ……………………………………………………………………………………

  ……………………………………………………………………………………

4. Ich bin eher:
   - ☐ entscheidungsfreudig
   - ☐ entscheidungsscheu

   Begründung:

   ……………………………………………………………………………………

   ……………………………………………………………………………………

5. Wenn ich eine Entscheidung getroffen habe, …
   - ☐ stehe ich dahinter.
   - ☐ hadere ich manchmal ewig mit der Entscheidung.
   - ☐ ändere ich sie auch beziehungsweise passe sie an, wenn sie sich als nicht so gut herausgestellt hat oder ich einfach neue Informationen bekomme.
   - ☐ würde ich sie auch ganz verwerfen, wenn ich merke, dass sie nicht richtig war – ich kann (vor mir und anderen) meine Entscheidung korrigieren.

   Bitte erklären Sie Ihre Antwort etwas näher. Gern mit einem Beispiel:

   ……………………………………………………………………………………

   ……………………………………………………………………………………

   ……………………………………………………………………………………

   ……………………………………………………………………………………

6. Wenn ich eine Entscheidung treffe, ist das eine …
   - ☐ reine Kopfsache: Ich sammle Informationen, analysiere und entscheide danach.
   - ☐ reine Bauchsache: Ich spüre in mich rein und merke schon, ob es sich richtig anfühlt.
   - ☐ eine Mischung: Ich höre auf meinen Kopf und auf meinen Bauch – und kann mich damit gut entscheiden.
   - ☐ eine Mischung zwischen Kopf und Bauch. Nur: Wenn die sich unterscheiden, bricht Verwirrung aus, und ich weiß gar nichts mehr.

   Bitte erklären Sie Ihre Antwort etwas näher. Gern mit einem Beispiel:

   ……………………………………………………………………………………

   ……………………………………………………………………………………

   ……………………………………………………………………………………

   ……………………………………………………………………………………

Um gut Entscheidungen treffen zu können, braucht man meiner Meinung nach folgende Eigenschaften/Fähigkeiten:

Eigenschaft/Fähigkeit:	So schätze ich mich jeweils ein:
…………………………………	…………………………………………
…………………………………	…………………………………………
…………………………………	…………………………………………
…………………………………	…………………………………………

Diesen Selbst-Check finden Sie auch auf der beiliegenden CD.

Umgang mit sich selbst

Eine richtige Entscheidung hat immer etwas mit Ihren eigenen Bedürfnissen zu tun. Denn auch wenn es vielleicht „objektive" Gründe für oder gegen eine bestimmte Vorgehensweise gibt, so kommt es letztlich immer darauf an, ob es Ihnen selbst damit gut geht.

Ihre Bedürfnisse und Wünsche

Kennen Sie Ihre Bedürfnisse? Wissen Sie, was Sie wollen? Und: Gestehen Sie sich dies auch zu? Nicht jeder tut sich leicht damit, eigene Bedürfnisse und Wünsche zu erkennen oder sie gar in den Mittelpunkt zu rücken. Die Gründe dafür sind vielfältig. Oft geht es darum:

- Man hat von klein auf gelernt, andere wichtiger zu nehmen als sich selbst.
- Man sieht Selbstlosigkeit als wichtigeren Wert an als „Egoismus".
- Man war bisher niemals in der Situation, für sich selbst zu entscheiden, und ist es schlichtweg nicht gewohnt.
- Man tut sich generell schwer damit, zu erkennen oder zu erfühlen, was man möchte und was einem gut tut.

Wenn Sie gute Entscheidungen treffen möchten, mit denen Sie zufrieden sind, ist es unabdingbar, dass Sie in sich hineinhören und sich selbst in den Mittelpunkt rücken. Sie brauchen „gesunden Egoismus". Sie sind die wichtigste Person in Ihrem Leben. Diesen Schwerpunkt können Sie setzen UND gleichzeitig im Einklang mit Ihrem Umfeld leben. Das heißt also:

- Kümmern Sie sich um sich, finden Sie heraus, was Ihnen wichtig ist und wie Sie Ihr Leben leben möchten (denn das ist das Fundament in jeder entscheidenden Situation).
- Nehmen Sie gleichzeitig Rücksicht auf die Leute in Ihrem Umfeld.

Beides zusammen ist der Schlüssel dazu, die eigenen Bedürfnisse und Wünsche zu leben, ohne andere vor den Kopf zu stoßen. Und das ist letztlich, wovor die meisten Menschen Angst haben, wenn es darum geht, sich selbst mehr in den Mittelpunkt zu rücken. Was heißt das konkret für Sie?

Wir kommen darauf in den Folgekapiteln noch ausführlich zurück.

Ihr Selbstbild, wenn es ums Entscheiden geht

Sind Sie eher entscheidungsfreudig? Oder überlassen Sie lieber anderen das Sagen? Und wie schätzen Sie sich generell ein? Es gibt Menschen, die sich selbst in eine Schublade stecken:

- „Ich kann einfach keine Entscheidungen treffen."
- „Ich mag nicht so gern Entscheidungen treffen."
- „Ich kann mich immer entscheiden!"
- „Mit meinen Entscheidungen fahre ich generell gut."
- „Wie man's macht, ist es verkehrt!"
- „Ich bin zu spontan."
- „Ich zögere alles immer raus."

Je nachdem, wie Ihr Selbstbild aussieht, wird es Ihre Entscheidungsfähigkeit prägen. Zu Ihrem Vorteil oder auch zu Ihrem Nachteil. Machen Sie den Selbst-Check auf Seite 34 und denken Sie einmal in Ruhe darüber nach, wie Sie sich selbst sehen – und welches Feedback Sie von anderen erhalten haben (und ob Sie auch dieser Meinung sind oder überhaupt nicht zustimmen können). Ein weiterer Aspekt, den wir auf Seite 29 schon kurz behandelt haben, ist es, hinter der eigenen Entscheidung zu stehen ... mit allen Konsequenzen, für andere, aber auch für sich selbst.

O-Ton Liz: „Ich glaube, dass die schwersten Entscheidungen die sind, die einen ganz allein betreffen. Es ist irgendwie einfacher wegen der Kinder umzuziehen oder den eigenen Job zu kündigen, weil der Ehemann beruflich versetzt wird. Aber es ist viel schwieriger zu entscheiden, was man selbst möchte – denn vielleicht kriegst du etwas, das du gar nicht willst!"

Und damit sind wir schon beim wichtigen Thema Selbstverantwortung.

Übernehme ich Selbstverantwortung?

So sehr sich die meisten von uns auch wünschen, ihr Leben aktiv zu gestalten und Entscheidungsfreiheit zu haben: Genau darin besteht manchmal die Crux: Klar möchte man selbst entscheiden können. Und häufig übernimmt man auch gern die Verantwortung. ... Aber was ist, wenn eine Entscheidung unangenehme Konsequenzen hat – vielleicht sogar für andere? Wie leicht oder schwer wir uns damit tun, Verantwortung zu übernehmen, kann von Fall zu Fall verschieden sein. Und das ist auch völlig normal. So mag es sein, dass sich jemand wohl damit fühlt, den Millionenetat eines Kunden zu betreuen, gleichzeitig aber keinen Schlüssel für die Firmenräume haben will, weil er für den Verlust persönlich haften würde. Letztlich wird man bei jeder Entscheidung auf sich selbst reduziert. Und man übernimmt immer eine gewisse Verantwortung. Auch wenn man sich dafür entscheidet, dass man sich nicht entscheiden kann oder eine Verantwortung ablehnt.

O-Ton Nike: „Sich entscheiden heißt immer Verantwortung zu übernehmen. In dem Moment, in dem ich eine Entscheidung treffe, liegt es nicht mehr am Wetter, an den Rahmenbedingungen, daran, dass der Chef mich nicht versteht oder mein Mann unfair zu mir ist. In dem Moment liegt es dann einzig und allein bei mir. Dafür muss ich raus aus der Kuschelecke und mir zuallererst bewusst machen, um was es geht. Das ist die erste Hürde. Die zweite Hürde ist das Abwägen, das Für und Wider. Bei der Entscheidung um den passenden Hut zum Kleid ist das nicht so tragisch, aber wenn ich das Für und Wider einer langjährigen Ehe zerpflücken muss, um zu entscheiden, ob sich das Kämpfen lohnt oder ob ich lieber gehe ... das ist hart. Die dritte Hürde ist das Tun – aber die finde ich persönlich am allerwenigsten schlimm, wenn man die der Ehrlichkeit mit sich selbst und der gerechten Abrechnung überwunden hat. Es gibt sogar noch eine nachkartende Hürde. Gemein, oder? Das ist die: Verantwortung tragen für die eigene Entscheidung, ohne Wenn und Aber. Können manche gar nicht."

Motivation

Wie sehr man sich für eine Sache interessiert oder gar begeistert, ist ein weiteres wichtiges Indiz dafür, wie leicht einem Entscheidungen fallen. Und natürlich auch dafür, wie die Entscheidungen ausfallen. Oft heißt es in der Presse, man müsse für etwas „brennen" oder klare Ziele haben, die man entsprechend intensiv und hartnäckig verfolgt. Natürlich ist das ein schöner Antrieb. Doch nicht alle Menschen sind gleich. Manche „brennen" nicht für etwas. Und das ist auch völlig okay! Wenn Sie jemand sind, der nicht vor Begeisterung überschwappt, dann ist nichts kaputt. Sie müssen nicht so empfinden. Sie haben Ihren eigenen Stil und Ihr eigenes Maß an Antrieb. Wichtig ist jedoch, dass Sie Ihre Begeisterungsfähigkeit und Ihre Motivation – generell und in der individuellen Entscheidungssituation – näher betrachten. Möglicherweise sind Sie sehr wohl leidenschaftlich und voller Elan, wenn es um eine Sache geht, die Ihnen besonders am Herzen liegt.

Übung: Eine bewährte Übung aus meinen Coachings: Suchen Sie sich eine Person aus Ihrem Umfeld, die offen Feedback gibt und aufmerksam beobachtet. Sprechen Sie nun mit ihr über eine Begebenheit oder einen Aspekt Ihres Lebens, der okay ist, Sie aber nicht vom Hocker haut: Erklären Sie die Sache, sagen Sie Ihre Meinung dazu und wie Sie dazu stehen.

Anschließend suchen Sie sich ein Thema, das Ihnen sehr wichtig ist: Das kann Ihr liebstes Hobby sein, ein wahnsinnig toller Film, vielleicht auch ein neues Haushaltsgerät oder eine Erfindung, die Sie so toll finden, dass Sie ohne sie gar nicht mehr leben möchten: Sprechen Sie auch hier ausführlich darüber, erklären Sie Ihrem Gegenüber, was Sie so gut an der Sache finden, warum sie sie gern mögen et cetera. Nach beiden Gesprächen bitten Sie Ihren Gesprächspartner, Ihnen zu schildern, wie er sie erlebt hat. Ich habe erstaunliche Verwandlungen beobachtet bei dieser Übung. Plötzlich blitzen die Augen, es kommt Leben in die Person, die Stimme verändert sich, die Mimik lockert sich, das Lächeln wird breiter ... Oft entdecken Menschen erstaunt das Gefühl wieder, wie es ist, Begeisterung zu spüren, etwas spannend zu finden. Im regulären Alltag – oder unter akutem Entscheidungsdruck – geht dieses persönliche Empfinden oft verloren.

Und dann gibt es natürlich noch den Fall, dass man sich anstecken lässt: Man liest, hört oder sieht etwas, das einen plötzlich packt.

O-Ton Barbara: „Ich bin sehr begeisterungsfähig – und wenn mich etwas richtig begeistert, dann entscheide ich sehr spontan. Auch bei großen Dingen. So ging ich beispielsweise mit 16 nach Frankreich und während des Studiums nach Österreich, weil mich Freundinnen von der Idee begeistert hatten: Schon wenige Wochen nach dem Gespräch zog ich nach Wien, wo ich dann ein ganzes Jahr blieb (die besagten Freundinnen rafften sich übrigens nicht auf)."

Wie gesagt: Begeisterung ist ein schöner Antrieb und eine positive Kraft für den Entscheidungsprozess. Das Ganze kann aber auch außer Kontrolle geraten, wenn man so empfänglich für das Außen ist, dass man in einem Moment einfach etwas entscheidet, was nach dem ersten Begeisterungssturm plötzlich ganz anders aussieht. Damit Sie Ihre Motivation positiv nutzen können, gehen wir im dritten Kapitel näher darauf ein, was Gefühle im Entscheidungsprozess bewirken.

Die Rolle der anderen

An vielen Entscheidungen ist man nicht allein beteiligt: Andere sind direkt betroffen, man wünscht sich Rat von außen – oder bekommt Anregungen und Feedback aus seinem Umfeld. Von den eigenen Annahmen darüber, was andere so denken, ganz zu schweigen. Wir sind ständig von Menschen und Meinungen umgeben. Es ist wichtig, sich auch damit zu befassen, wie wir uns selbst und die Abhängigkeit von anderen einschätzen.

Spekulationen & Abhängigkeiten

Wie abhängig wir uns von anderen Meinungen machen, hängt natürlich stark damit zusammen,

- wie selbstsicher wir sind und
- wie viel Selbstverantwortung wir übernehmen können/möchten.

Abhängigkeit ist nicht an sich etwas Schlechtes: Solange jemand sich einfach besser dabei fühlt, mehr auf die Umwelt zu hören und sich auf andere zu verlassen – und mit dem Ergebnis zufrieden ist – ist ja alles okay. Schwierig wird es nur, wenn man meint, nicht das zu tun, was man selbst tun möchte. Dann kommt das meist unangenehme Gefühl ins Spiel, fremdbestimmt zu sein. In meiner Coachingpraxis stellt sich immer wieder heraus, dass Spekulationen eine sehr große Rolle spielen. Wir spekulieren alle gern und nehmen bestimmte Dinge an. Dies kann ein sehr hilfreiches Werkzeug sein, das dabei hilft, sich seiner Einstellung, seiner Gefühle bewusst zu werden, und auf weitere Facetten einer Sache hinweist. Leicht kippt das Spekulieren jedoch um. Dann kommt es oft zu folgenden Hindernissen:

1. Man spekuliert nur in negative Richtungen (und nimmt einseitig negative Reaktionen oder Konsequenzen an).
2. Man vermischt Spekulationen und Tatsachen (und überzeugt sich letztlich davon, dass das, was man annimmt, so ist beziehungsweise genau so eintreten wird).

Nehmen wir ein ganz banales Beispiel: Vier Freunde treffen sich zu einem gemütlichen Kinoabend. An der Kinokasse können sie sich nicht recht einigen, welchen Film sie sehen möchten: Zwei von ihnen sind für die Komödie, einer schlägt den Actionfilm vor, und der vierte will lieber keine klare Position beziehen. Der Freund, der sich nicht der Mehrheit anschließen mag, denkt sich: „Ich habe überhaupt keine Lust auf die Komödie. Aber wenn ich das jetzt sage und den Actionfilm vorschlage, sind die anderen vielleicht böse auf mich oder wir streiten, und der Abend ist versaut."

Das ist jedoch reine Spekulation. Denn es kann sehr wohl sein, dass es den anderen gar nichts ausmacht, auf ihre Komödie zu verzichten. Falls sie aber dabei bleiben, schließt sich der vierte Freund vielleicht liebend gern demjenigen an, der den Actionfilm sehen will – und nach dem Film tun sich die vier wieder zusammen. Es kann auch sein, dass man sich auf einen ganz anderen Film einigt, oder beschließt, das Kino sausen zu lassen und essen zu gehen ...

Ganz sicher ist eine der schlechtesten Varianten die, gar nichts zu sagen und gegen den eigenen Willen in die Komödie zu gehen. Denn dann verbringt man den Abend in einer Weise, die einem selbst überhaupt nicht gefällt. Es kann sogar passieren, dass man innerlich Groll gegen die anderen hegt (die gar nichts davon ahnen, weil man das eigene Bedürfnis nicht geäußert hat!) und vielleicht beim nächsten Kinoabend nur ungern oder gar nicht mitgeht.

Tun Sie sich – bei großen und kleinen Entscheidungen – den Gefallen und

- finden Sie Ihre eigenen Bedürfnisse/Wünsche heraus. Bestimmen Sie, wie wichtig diese Bedürfnisse für Sie sind.
- äußern Sie Ihre Bedürfnisse/Wünsche (denn andere können nicht Gedanken lesen).
- trennen Sie Ihre Spekulationen von Fakten: Führen Sie sich immer auf den Boden der Tatsachen zurück. Das geht am besten, wenn Sie die eigenen Annahmen immer klar als solche erkennen und auch formulieren (also statt „bestimmt denkt er/sie, dass …" ein „ich nehme an/ich befürchte, dass …").
- belassen Sie es nicht bei Annahmen darüber, was andere tun oder denken könnten: Fragen Sie im Zweifelsfall! Das würden Sie sich umgekehrt ja auch wünschen, oder?

„Was denken andere über mich?"

Die Meinung anderer ist wichtig. Auch wenn es immer wieder Leute gibt, die behaupten, es interessiere sie nicht, was andere von ihnen denken, so habe ich ehrlich gesagt noch keinen getroffen, auf den das völlig zutrifft. Natürlich: Wie wichtig jemand die Meinung anderer für das eigene Selbstbewusstsein und Handeln nimmt, ist ganz unterschiedlich. Und zweifellos spielt es eine entscheidende Rolle, um wen es geht. Je gleichgültiger einem selbst die Person ist, desto weniger Gewicht hat ihre Meinung. Wir alle wünschen uns Anerkennung von anderen Menschen und ein gewisses Maß an Beliebtheit. Für die einen ist es wichtig, was Chef und Kollegen von ihnen denken – andere finden es unerlässlich, auch vor Wildfremden eine gute Figur zu machen. Das kann auch größere Dimensionen annehmen: Was denkt „die Gesellschaft" über mich?

O-Ton Liz: „Bei Entscheidungen spielt es auch immer eine Rolle, was wir wollen, welche Bedürfnisse wir haben und womit wir uns wohl fühlen. Im Gegensatz dazu steht manchmal, was wir denken, was die Welt, unsere Freunde und die Familie von uns erwarten."

Und hier wird es wieder komplexer. Denn beim Thema Erwartungen anderer gibt es verschiedene Möglichkeiten:

- Es gibt diese Erwartungen tatsächlich (genauso, wie ich sie annehme oder lediglich teilweise).
- Es gibt diese Erwartungen – sie entsprechen jedoch viel eher Wünschen.
- Ich denke lediglich, dass es diese Erwartungen gibt. Tatsächlich sind sie gar nicht vorhanden.
- Ich habe diese Erwartungen selbst an mich, projiziere sie aber auf andere.

Den tatsächlichen oder angenommenen Erwartungen stehen immer Ihre eigenen Bedürfnisse und Wünsche gegenüber. Es kann nicht oft genug betont werden: Es ist Ihr Leben, das Sie leben. Natürlich kommt es darauf an, es im Einklang mit Ihrer Umwelt zu führen – also niemandem bewusst gegen den Karren zu fahren oder sonst wie zu schaden. Die wichtigste Person bei allen Entscheidungen sind immer Sie. Stellen Sie sich eine Waage mit zwei Waagschalen vor: „ich" und „andere". Es darf niemals ein Ungleichgewicht entstehen, weil die „anderen" automatisch mehr Gewicht für Sie haben. Übrigens spielen manchmal auch eigene Ängste mit hinein: Man hat selbst Befürchtungen bei einer Entscheidung, und da kommen einem Gründe wie „Bestimmt mag er/sie mich nicht mehr oder ist mir böse, wenn ich das so entscheide" manchmal gerade recht, um der eigenen Angst nicht ins Auge sehen zu müssen.

O-Ton Sabine: „Schwierig ist es für mich, wenn eine andere (für mich wichtige) Person wegen einer Entscheidung böse/enttäuscht/traurig oder Ähnliches sein könnte. Oft steckt dahinter das Bedürfnis, es jedem recht machen zu wollen."

Ein klassisches Beispiel ist die Entscheidung, mit dem Chef über eine Gehaltserhöhung zu sprechen. Eigentlich ist man fest entschlossen, mehr Geld zu verlangen. Doch man traut sich nicht so ganz. In dem Moment, in dem man sich in Annahmen hineinsteigert, dass der Chef sauer sein wird oder einem Vorhaltungen macht, nicht auf die wirtschaftliche Situation des Unternehmens zu achten, fällt es einem von Haus aus leichter, das Gespräch erst gar nicht in Angriff zu nehmen.

Vermeintliche Erwartungen anderer überprüfen

- Schreiben Sie Ihre Annahmen darüber, was andere über Sie denken, am besten immer auf. Nehmen Sie sich die Zeit dafür! Hinterfragen Sie dann jeweils so offen, wie es Ihnen gelingt, was hinter jeder Annahme steckt: Welche der Annahmen teilen Sie? Was sind Ihre eigenen Gedanken dazu?
- Vervollständigen Sie alle Ihre Annahmen: Machen Sie sich also die Mühe, an alle Möglichkeiten zu denken – sowohl an negative als auch an neutrale und positive Varianten. Verfolgen Sie nicht nur eine dieser Gedankenschienen.
- Setzen Sie sich intensiv damit auseinander, wie wichtig Ihnen Ihre eigenen Bedürfnisse sind. Verschiedene Selbst-Checks in diesem Buch helfen Ihnen dabei.

„Was würde XY tun?"

Der Vergleich mit anderen Personen kann sich positiv und negativ auswirken. Ich treffe immer wieder auf Leute, die generell andere für besser halten – oder umgekehrt: sich selbst für schlechter. Sich Vorbilder zu suchen, die etwas sehr gut können oder sich auf eine Art und Weise verhalten, wie man sich das selbst auch wünscht, ist eine schöne Sache. Je näher im eigenen Umfeld, desto besser: Denn dann kann man das Verhalten live miterleben und sich hilfreiche Dinge abschauen. Oder sogar die Person ansprechen und sie bitten, Tipps zu geben oder wie eine Art Mentor zu fungieren.

Andere zu glorifizieren – also pauschal alles gut/besser zu finden – birgt dagegen Probleme. Denn zum einen ist es wichtig, sich klar zu machen, dass jeder Mensch starke und schwache Seiten hat: Vielleicht bewundern Sie bei jemandem seine Souveränität, wenn es darum geht Entscheidungen zu treffen. Dieselbe Person rastet gleichzeitig aber schnell aus und verliert die Kontrolle, wenn ihr etwas nicht passt. Es ist immer wichtig, Gesamtbilder zu sehen. Sonst hat man falsche Ideale vor Augen und kann dem hohen Anspruch niemals gerecht werden.

Übrigens: Bitte Vorsicht bei Vorbildern aus Film und Fernsehen! Ich lerne oft Menschen kennen, die sich vornehmen, souveräner und schlagfertiger zu werden. Als Vorbilder dienen dann irgendwelche Schauspieler oder Filmcharaktere. Dabei wird jedoch vergessen, dass hinter Drehbüchern sehr viel Vorbereitung steckt und es daher absurd wäre, sich derlei Schlagfertigkeit vorzunehmen.

Nicht immer eifert man anderen nach. Der Vergleich funktioniert ja auch umgekehrt: „Wenn der/die das schafft, schaff ich das schon lange!“, kann eine sehr gute Motivation sein. Wichtig ist dabei nur, dass Sie einen solchen Vergleich immer respektvoll ziehen, also die andere Person nicht runtermachen, um vor sich selbst besser dazustehen. Grundsätzlich ist es durchaus hilfreich, sich positive Vorbilder zu suchen, die Sie dazu anspornen, Ihre Entscheidung voranzutreiben und umzusetzen. Bleiben Sie dabei realistisch und werden Sie immer konkret. Belassen Sie es nie bei Pauschalaussagen à la „X würde das viel besser regeln als ich“ oder „Y zögert bei so was nie“.

- Wenn Sie jemanden aus Ihrem Umkreis als Vorbild sehen (oder einfach gut finden, wie die Person bei Entscheidungen vorgeht), dann überlegen Sie sich ganz konkret – am besten wieder schriftlich –, wie diese Person Ihrer Meinung nach vorgehen würde. Wie würde sie die Situation bewerten, vorgehen, welche Gedanken würde sich die Person dazu machen? Was würde sie tun?

- Fragen Sie sich doch einmal „Was wäre, wenn ...?". Angenommen Sie sind eher unkoordiniert, wenn es um Entscheidungen geht, und haben das Gefühl, einfach zu chaotisch vorzugehen. Dann könnten Sie sich fragen: „Wenn ich koordiniert wäre, wie würde ich dann vorgehen?" Oder auch: „Wenn ich keine Angst hätte, was würde ich dann tun?" Spielen Sie diese Variante dann komplett durch, und gehen Sie einfach mal davon aus, dass das Hindernis nicht da ist.

Kommt ein derartiger Vergleich von anderen, macht Ihnen also jemand die Vorhaltung, dass ein bestimmter Kollege oder ein Familienmitglied so und so vorgehen würde (also beispielsweise sich schneller oder in einer bestimmten Weise entscheiden würde), dann ist es wichtig, gleich reinen Tisch zu machen: Ich bin ich. Und wenn XY anders vorgeht oder sich in einer bestimmten Weise entscheiden würde, dann ist das allein seine Sache. Dies muss nicht unbedingt laut passieren: Nicht jedem fällt es leicht, so klare Grenzen zu ziehen, wenn er mit jemand anderem verglichen wird. Auf jeden Fall ist es wichtig, sich innerlich genau das zu sagen: Ich bin ich. Und ich gehe so vor, wie ich das möchte. Seien Sie Ihr eigener Maßstab, und vergleichen Sie sich nur in konstruktiver Weise mit anderen.

Medien & Gesellschaft

Je mehr sich jemand vom Umfeld beeinflussen (oder verunsichern lässt), desto komplizierter kann es werden. Auch die Medien haben einen großen Einfluss. So erlebe ich immer wieder, dass Menschen sich gedrängt fühlen, Karriere machen „zu müssen", weil ihnen durch die Medien genau das suggeriert wird. Das geht so weit, dass sie sich in Fortbildungskurse stürzen oder höher angesiedelte Positionen annehmen, obwohl sie eigentlich ganz zufrieden waren oder ihre wahren Interessen anderswo liegen.

Die Berichterstattung in den Medien kann sehr anregend sein und wichtige Informationen und Anstöße bieten. Sie kann das Leben aber auch schwieriger machen. Wer sich etwa mit der Entscheidung trägt, den Job zu wechseln, wird sich durch einen Pressebericht „Tolle Chancen für Quereinsteiger" ermutigt fühlen. Ein Bericht wie „Die Wirtschaft ist am Boden. Jeder, der einen Job hat, kann sich glücklich schätzen" nimmt einem dagegen schnell den Wind aus den Segeln. Mit der Medien-Berichterstattung verhält es sich genauso wie mit anderen Meinungen: Schauen Sie immer genau hin und ergänzen Sie das Bild, das sich Ihnen bietet, durch konkrete Informationen (siehe auch „Informationen sammeln", ab Seite 113). Bitte überbewerten Sie nichts, nur weil es in einem Fernsehbeitrag kommt oder in einem Presseartikel steht. Es kann sein, dass etwas nur auszugsweise wiedergegeben wurde, und es handelt sich auch nicht immer um allgemeingültige Aussagen.

Berücksichtigen Sie auch, dass sich bestimmte Themen wie Trends durch die gesamte Medienlandschaft ziehen. Da wird plötzlich Karriere oder Familienleben großgeschrieben und geht reihum durch alle Zeitschriften. In solchen „heißen Phasen" wird natürlich auch das eigene Umfeld von bestimmten Themen angesteckt. Und Meinungen oder Schwerpunkte bilden sich neu. Manchmal dominiert ein Teilaspekt und wirkt meinungsbildend. Beispiel: „Vitamin B" ist ein großes Thema – und Beziehungen zu nutzen gilt als verpönt. Plötzlich gibt es einen Trend zum „Networking", und Beziehungspflege wird wieder empfohlen.

Wenn Ihnen etwas als „allgemeine Meinung" auffällt, oder Sie merken, dass eine Berichterstattung Sie in irgendeiner Weise auf Ihrem Lebensweg oder bei einer Entscheidung ins Wanken bringt, dann:

- Schauen Sie näher hin: Was erregt Ihre Aufmerksamkeit so stark? In welche Richtung fühlen Sie sich gedrängt, verunsichert – oder inspiriert?
- Loten Sie immer erst einmal aus, was in Ihnen selbst vorgeht: Wie geht es Ihnen mit dieser „allgemeinen Meinung" beziehungsweise diesem Trend-Thema? Warum spricht es Sie besonders an, berührt oder beunruhigt es Sie?

- In welche Richtung möchten/müssen Sie sich weiter informieren, um dieser Sache nachzugehen?

Vorsicht bei Pauschalaussagen! Selbst wenn es „der Wirtschaft" nicht so gut geht, heißt das nicht, dass jedes Unternehmen schlecht dasteht oder keine freien Stellen mehr besetzt. Bewahren Sie sich immer Ihr individuelles Einschätzungsvermögen.

Nehmen Sie interessante allgemeine Themen auf, hören Sie neugierig zu, verfolgen Sie weiter, was Sie betrifft – achten Sie neben allem aber immer darauf, wo Ihr Standpunkt ist: Ihre Meinung, Ihre Wünsche und Bedürfnisse. Kommen wir nun zum Selbst-Check zu Abhängigkeiten und Annahmen.

✔ Selbst-Check: Abhängigkeit & Spekulationen

1. Wie andere über mich denken,
   - ☐ ist mir generell wichtig, weil …
   - ☐ ist mir bei Personen wichtig, die mir nahe stehen, weil …
   - ☐ ist mir besonders beruflich wichtig, weil …
   - ☐ ist mir nicht so wichtig, weil …

   Begründung:

   ………………………………………………………………………………………………

   ………………………………………………………………………………………………

2. Wenn ich mir Gedanken darüber mache, was andere über mich denken,
   - ☐ gehe ich in der Regel von positiven Meinungen aus.
   - ☐ gehe ich in der Regel von negativen Gedanken aus.
   - ☐ …

   Begründung:

   ………………………………………………………………………………………………

   ………………………………………………………………………………………………

3. Wenn ich eine Entscheidung treffe und weiß, dass andere Leute in meinem Umfeld nicht meiner Meinung sind,
   - ☐ werde ich sofort unsicher und stelle meine eigene Ansicht infrage.
   - ☐ stecke ich mit meiner eigenen Meinung eher zurück.
   - ☐ werde ich ärgerlich und gehe meinen Weg erst recht.
   - ☐ …

   Begründung:

   ………………………………………………………………………………………………

   ………………………………………………………………………………………………

4. Meinungen anderer Leute
   - ☐ nehme ich immer gern auf.
   - ☐ mag ich weniger, weil ich die Dinge lieber in Eigenregie angehe.
   - ☐ nehme ich gern an, wenn sie von Leuten kommen, die ich mag.
   - ☐ nehme ich gern an, wenn sie von Leuten kommen, die mir wichtig sind.
   - ☐ nehme ich nicht so gern von Leuten an, die mir nahe stehen, weil diese parteiisch sind.
   - ☐ nehme ich ungern an von Leuten, die mich nicht kennen.
   - ☐ nehme ich besonders gern von Leuten an, die mich nicht so gut kennen.
   - ☐ nehme ich von Leuten, die ich nicht mag, generell nicht an.
   - ☐ nehme ich nur von Leuten an, die ich für kompetent halte.
   - ☐ …

   Begründung:

   ………………………………………………………………………………………

   ………………………………………………………………………………………

5. Ich frage andere
   - ☐ gezielt nach ihrer Meinung.
   - ☐ nie aktiv nach ihrer Ansicht.
   - ☐ teilweise nach ihrer Meinung, und zwar wenn …
   - ☐ …

   Begründung:

   ………………………………………………………………………………………

   ………………………………………………………………………………………

Diesen Selbst-Check finden Sie auch auf der beiliegenden CD.

Erwünschter Rat

Grundsätzlich kann Input von anderer Seite sehr hilfreich sein. Auch wenn die Anregung oder Empfehlung vielleicht in einer Form passiert, die Ihnen nicht zusagt. Erwünschten Input holt man sich aktiv oder nimmt ihn – auch wenn er ungefragt kommt – gern auf.

Damit Sie wirklich etwas mit anderen Meinungen und Anregungen anfangen können, ist es wichtig, sich um differenzierte Aussagen zu bemühen. Denn wirklich interessant und greifbar wird vieles erst, wenn es hinterfragt wird. Nehmen wir an, eine Sekretärin möchte in einen kreativeren Berufszweig wechseln. Sie schneidet das Thema bei einem Familientreffen an. Ihr Bruder sagt: „Du kannst doch gut schreiben. Geh doch in die Werbung." Anstatt nun direkt anzuknüpfen oder im Gespräch fortzufahren, ist es wichtig, den Bruder näher zu befragen: Was genau meint er, wenn er sagt, sie könne gut schreiben? Wie kommt er darauf? Was meint er mit „gut"? Wie kann er seinen Eindruck begründen? Was meint er mit „in die Werbung gehen"?

Schalten Sie gerade bei spontanem Rat immer erst mal auf „Fragemodus": Finden Sie so viel wie möglich darüber heraus, was der Ratgeber genau meint und worauf seine Eindrücke basieren.

Die Art, wie Sie Fragen stellen – etwa um Feedback oder neue Informationen zu erhalten –, entscheidet auch darüber, welche Antworten Sie bekommen. Ein häufiger Fehler ist es, nicht die Ausgangsfrage zu formulieren, sondern sich auf Teilaspekte zu konzentrieren. Oder in einer Form zu fragen, die mehr oder weniger die Antwort in eine bestimmte Richtung lenkt. Details zur Art, Fragen zu stellen, finden Sie ab Seite 118.

Checkliste: So holen Sie aktiv fremde Meinungen ein

- Wenn Sie sich um Feedback/Informationen bemühen, machen Sie zunächst eine Liste von Personen, die Sie fragen möchten und fragen könnten – und notieren Sie jeweils, über welche Aspekte Sie die Personen befragen wollen. Es ist immer hilfreich, sich bei dieser Gelegenheit klar zu machen, warum Ihnen gerade die Aussage einer bestimmten Person wichtig ist. Dadurch können Sie die Antworten später viel besser einordnen. Vielleicht erscheint Ihnen eine Person in einer bestimmten Sache besonders kompetent; eine andere weiß vielleicht nicht wirklich etwas über die zu entscheidende Sache, steht Ihnen aber dafür sehr nahe, und Sie legen Wert auf ihre Meinung.

- Gut ist es, für die einzelnen Personen eine Frageliste zu erstellen. So bereiten Sie sich selbst viel besser vor und Sie denken gleich viel breiter. Durch die Vorbereitung werden nicht nur Ihre Fragen konkreter, sondern Sie erhalten auch mehr Klarheit in Ihrem gesamten Entscheidungsprozess.

- Prüfen Sie beim Formulieren Ihrer Fragen, ob Sie vielleicht bereits eine bestimmte Richtung vorgeben oder durch die Art der Frage einen Filter setzen.

- Je nachdem, worum es geht, empfiehlt es sich, jeder Person die Fragen schriftlich zukommen zu lassen – auch wenn Sie viel persönlichen Kontakt haben. Dann kann sich der Befragte intensiver damit befassen, und Sie erhalten tiefer gehende Antworten, als das in einem spontanen Gespräch der Fall wäre. Außerdem erhält Ihre Anfrage dadurch mehr Gewicht.

- Sagen Sie der zu befragenden Person offen (bzw. schreiben Sie es noch einmal extra hin), dass es Ihnen auf eine aufrichtige Meinung ankommt, auch wenn diese vielleicht unpopulär sein sollte. Gerade wenn es um eine Entscheidung geht, die andere für kritisch halten oder Ihnen vielleicht nicht zutrauen, ist es wichtig, die Bedenken zu kennen. Es nützt Ihnen nichts, wenn andere mit ihrer Meinung hinter dem Berg halten, nur weil sie glauben, Sie könnten damit nicht umgehen oder wollten ein Contra vielleicht gar nicht hören. Wichtig ist natürlich, dass Sie mit derlei Ansichten auch konstruktiv umgehen können. Denken Sie daran: Wenn Sie von vornherein um Begründungen bitten (oder nachhaken, wenn eine Antwort nicht konkret genug ist), können Sie sehr viel über die Sache und sich selbst erfahren. Und Sie stärken mit dieser konstruktiven Haltung nicht nur Ihre Entscheidung, sondern auch die Beziehung zu der befragten Person.

Unerwünschte Ratschläge

Nicht jeder Rat ist willkommen. Manchmal blockt man regelrecht ab: Weil man eine Person nicht leiden kann, weil man wütend wird, wenn eine bestimmte Meinung kommt oder weil der unverlangte Rat der eigenen Meinung entgegensteht. Dazu kommt, dass man manche Dinge ganz einfach persönlich nimmt. Da rät jemand von einem Vorhaben ab, und man hört mangelndes Zutrauen heraus. Oder es kommt Bestätigung – man sieht jedoch nur die eigene Zurückhaltung bestätigt, obwohl man sich eigentlich Zuspruch für die andere Richtung erhofft hatte.

Gerade bei wichtigen Entscheidungen, die einem selbst nicht leicht fallen, halten sich andere oft mit ihrem Rat zurück. Je schwerwiegender die vermeintlichen Konsequenzen sind oder je größer das Ziel erscheint, desto zurückhaltender. Die Gründe sind vielfältig: Der verhinderte Ratgeber

- möchte nicht etwas Riskantem zuraten und dann eventuell mitverantwortlich für eine Fehlentscheidung sein.

- kann sich für sich selbst diesen Weg nicht vorstellen, hätte selbst Angst davor.
- hat ein so großes Sicherheitsbedürfnis, dass er lieber auf der sicheren Seite bleibt.
- kennt Seiten an Ihnen, die dem Vorhaben tatsächlich entgegenstehen (etwa mangelndes Durchhaltevermögen in früheren Situationen).

Ich möchte Ihnen ans Herz legen, gerade bei kritischem Feedback gut hinzuhören und viele Fragen zu stellen. Seien Sie neugierig: Ihr Ziel ist nicht, die eigene Meinung zu verteidigen, sondern Details herauszufinden.

Man rät Ihnen von Ihrem Vorhaben ab oder ermuntert Sie einen anderen Weg einzuschlagen?

- Welchen genau?
- Warum konkret?
- Mit welcher Begründung?

Jemand traut Ihnen eine bestimmte Sache nicht zu?

- Was genau?
- Warum nicht?
- Woran macht er das fest?
- Was müsste sich verändern, damit er das Zutrauen hätte? Was fehlt Ihnen seiner Meinung nach?

Eine gute Möglichkeit ist es, die Frage neu zu formulieren. Vielleicht haben Sie vorher gefragt: „Würdest du in diesen Zeiten den Job wechseln?" Nun nehmen Sie andere Varianten (ruhig mehrere): „Stell dir vor, du bist jetzt ich. Deine Situation ist so und so. Würdest du den Job wechseln oder bleiben? Warum?" Oder auch: „Unter welchen Umständen würdest du mir zuraten, den Job zu wechseln?" Sie können auch nach Pro und Contra getrennt fragen: „Was spricht dafür, den Job zu wechseln?" oder „Was spricht dagegen?". Und denken Sie daran nachzuhaken: Was ist konkret gemeint? Was ist ein Beispiel dafür? Wie könnte man kritische Punkte umschiffen?

Nehmen Sie Input immer ernst, auch wenn er von Leuten kommt, die Sie persönlich nicht so gern mögen. Aber bewerten Sie ihn konstruktiv-kritisch (Tipps zum Bewerten fremder Meinungen ab Seite 58).

Oft wird geraten, man solle sich in Entscheidungsphasen von chronischen Schwarzsehern fern halten und sich lieber Leute suchen, die positiv eingestellt sind. Ich bin ebenfalls dafür, den Kontakt mit ausschließlich negativ denkenden Menschen einzuschränken, denn Aus-Prinzip-Schwarzseher ziehen einen nicht nur gehörig runter, sie vermitteln auch ein Weltbild, das keineswegs der Realität entspricht. Allerdings halte ich das andere Extrem ebenso wenig für sinnvoll: Es geht nicht darum, die rosarote Brille aufzusetzen und alles toll zu finden. Nach dem Motto „Bestellen wir mal eine Runde irgendwas im Universum, dann wird automatisch alles gut."

Empfehlenswert ist es, einerseits kritisches Feedback ernst zu nehmen und andererseits die Fürsprecher zu bitten, sich mögliche Hindernisse oder Gegenargumente zu überlegen. Denken Sie daran: Es geht hier nicht darum, die eigene Einstellung/Entscheidung anderen gegenüber zu verteidigen. Es geht einzig und allein darum, Feedback von anderen aufzunehmen, damit Sie Ihre Entscheidung treffen beziehungsweise abklopfen können.

Treffen Sie dabei auf Ratschläge, die Ihnen nicht passen, oder auf Menschen, die generell negativ eingestellt sind, dann stellen Sie aktive Fragen, um andere Aspekte zu beleuchten und eine ausgewogenere Meinung zu erhalten. Wenn das nicht klappt, sagen Sie der anderen Person, dass Sie ihre Ansichten zu einseitig finden, und bitten sie um eine breitere Einschätzung. Verschließt sich jemand gegenüber Ihrem Nachhaken oder beharrt er auf seiner einseitigen Ansicht, ohne sie begründen zu können, beleuchten Sie das Feedback nach Brauchbarem für Ihre Entscheidung und nehmen dieses für sich auf. Den Rest können Sie beruhigt abhaken.

Andere sind mitbetroffen

Wenn andere Personen durch Ihre Entscheidung mitbetroffen sind, spielt das natürlich eine wesentliche Rolle im Entscheidungsprozess. Dann geht es zwar nach wie vor darum, wie Sie selbst zu der Sache stehen, was Ihre Bedürfnisse und Wünsche sind. Aber zusätzlich kommt es auf die Interessen der anderen an – je nachdem, wie stark diese von den Folgen Ihrer Entscheidung berührt werden.

O-Ton Lisa: „Ich finde es am schwierigsten, persönliche Entscheidungen zu treffen, die nicht nur mich selbst betreffen, sondern auch mit Konsequenzen für andere verbunden sind. Wenn ich also etwas entscheiden soll, das mir wichtig ist und mich glücklich machen würde, aber Auswirkungen auf jemand anderen hat, der vielleicht unglücklich mit eben dieser Entscheidung ist."

Da dieses Thema sich auf die unterschiedlichsten Phasen im Entscheidungsprozess erstreckt, kommen wir im zweiten Teil („Schritt für Schritt zur Entscheidung" ab Seite 91) ausführlich darauf zu sprechen.

Checkliste: Fremde Meinungen bewerten und einordnen

Erster Schritt: Was wird gesagt?

Hören Sie sich die neue Meinung – auch wenn sie ungefragt kommt – immer aufmerksam an. Auch und vor allen Dingen, wenn sie konträr zu Ihrer eigenen Meinung steht. Sie können in jedem Fall nur davon profitieren. Bitte vergeben Sie nicht die Chance auf wichtigen Input, indem Sie auf Durchzug schalten oder sich aufs Gegenreden verlegen. Übrigens: Je sicherer Sie sich selbst und Ihrer Entscheidung sind, desto weniger haben Sie das Bedürfnis, andere (gerade auch kritische) Meinungen wegzureden oder sich dagegen aufzulehnen.

Zweiter Schritt: Wer spricht?

Um die fremde Ansicht bewerten zu können, ist es wichtig, sie immer im Zusammenhang mit der Person zu sehen, die sie äußert: Wen habe ich vor mir? Was ist der Background dieser Person? Aus welchem Blickwinkel sieht sie die Sache? Inwiefern ist sie mitbetroffen von der Entscheidung? Besorgte Eltern, die eher konservativ entscheiden, haben eine andere Meinung zu bestimmten Dingen und Vorgehensweisen als ein Freund mit dem Motto „Augen zu und durch".

Dritter Schritt: Wie stehen wir zueinander?

Ihre Beziehung zu der anderen Person entscheidet natürlich auch darüber, wie deren Meinung bei Ihnen ankommt. Wenn Sie jemanden nicht leiden können, schalten Sie vermutlich eher ab oder ärgern sich, als wenn es sich um eine Person handelt, die Sie schätzen und mögen und auf deren Meinung Sie prinzipiell Wert legen. Machen Sie sich diese Beziehung immer bewusst, wenn Sie eine andere Meinung hören: Wie ist unser persönliches Verhältnis zueinander? Wie nah stehen wir uns? Mag ich diese Person, ist sie mir eher egal, mag ich sie nicht oder kenne ich sie vielleicht gar nicht oder kaum?

Vierter Schritt: Inhalte und Gefühle trennen

Es ist immer schade, eine andere Meinung deshalb komplett abzublocken oder unkritsch anzunehmen, weil die Gefühle im Vordergrund stehen. Wenn Sie einen Freund sehr schätzen, muss seine Meinung noch lange nicht schwerer wiegen oder hilfreicher sein als die Ansicht von jemandem, den Sie nicht mögen. Das ist eine der schwierigsten Übungen, ich weiß! Denn natürlich fühlt man sich eher geneigt jemandem zuzuhören, den man kennt und schätzt. Doch der Input einer Person, die Ihnen weniger wichtig ist, kann für Ihren Entscheidungsprozess sehr hilfreich sein. Also warum darauf verzichten? Den größten Gefallen tun Sie sich, wenn Sie offen für Anregungen von außen sind. Denn nur dann können Sie davon auch profitieren.

Fünfter Schritt: Ernst nehmen und sortieren

Sie haben zugehört, Sie achten auf den Inhalt und die Person. Jetzt sind Sie schon einen großen Schritt weiter: Denn Sie haben sich nicht etwa allein von Ihren Gefühlen leiten lassen, sondern alle Meinungen in Ihren Info-Pool aufgenommen. Jetzt kommt das Sortieren: Worum geht es konkret? Wie detailliert sind die Aussagen (oder war der Input zu schwammig und zu allgemein, um wirklich hilfreich zu sein)? Lassen sich Argumente oder Anregungen zusammenfassen/sortieren? Haben Sie ähnlichen Input bereits früher bekommen oder sich selbst schon ähnliche Gedanken gemacht?

Sechster Schritt: Auf die eigene Reaktion achten

Damit ist nun nicht die Reaktion auf die Person gemeint, die ihre Ansicht geäußert hat – das hatten wir ja im dritten Schritt bereits –, sondern es geht um die Reaktion auf die Inhalte. Besonders die extremen Reaktionen verdienen einen genaueren Blick. Wenn Sie sich einer Meinung voller Euphorie anschließen oder einer anderen ärgerlich gegenüberstehen, sie vielleicht gleich vom Tisch wischen, dann sollte ein Alarmglöckchen klingeln. Hinterfragen Sie gerade diese heftigeren Reaktionen: Warum stimme ich voll und ganz zu? Was finde ich gut an dieser Meinung? Oder: Warum lehne ich diese Meinung so stark ab? Was stört mich daran? Wie geht es mir damit genau?

Siebter Schritt: In die eigene Entscheidung einfließen lassen
Wenn Sie nun alles hinterfragt und bewertet haben – auch Ihre Reaktionen darauf –, können Sie ganz bewusst sämtliche wichtigen Aspekte in Ihre Entscheidung einfließen lassen. Darunter fallen natürlich nicht nur Zuspruch und ermutigende Ansichten, sondern besonders auch kritische Stimmen. Nutzen Sie alles dazu, um Ihre Entscheidung intensiv abzuklopfen. Gerade zweifelnde Stimmen helfen Ihnen dabei, sich mit allen Aspekten auseinander zu setzen und Ihre Entscheidung auf ein noch besseres Fundament zu stellen.

„Man sollte immer ganz entspannt schweben, wenn man eine Entscheidung zu treffen hat.“
Danny de Vito

3. Gefühle & Entscheidungen

Wir sind immer „ganze“ Menschen – und damit leben wir immer auch unsere Emotionen: Enthusiasmus, Freude, Aufgeregtsein, Unsicherheit, Ängste … die ganze Palette. Doch nicht jedes Gefühl wirkt sich positiv aus, indem es uns etwa motiviert, eine Sache in Angriff zu nehmen. Ebenso leicht können wir uns blockiert fühlen und aus Angst vor den Folgen untätig bleiben. Bei der Entscheidungsfindung ist es deshalb ganz wichtig, sich die Gefühle zunutze zu machen. Das heißt:

- sich der eigenen Gefühle bewusst werden und diese konkretisieren,
- keinem einzelnen, starken Gefühl das Steuer komplett überlassen,
- Annahmen von Tatsachen trennen,
- alle Emotionen ernst und annehmen und damit umgehen (nicht etwa kleinreden oder gar ganz ignorieren).

Gestehen Sie sich bitte alle Ihre Gefühle zu. Manche Menschen gehen sehr kritisch oder gar ungnädig mit sich um. Sie machen sich runter oder fühlen sich schlecht, wenn sie es mit Emotionen zu tun haben, die sie sich selbst nicht erlauben oder als Zeichen von Schwäche empfinden: „Immer bin ich so sensibel“, „Andere gehen viel selbstbewusster ran!“, „Warum bin ich immer so zögerlich und ängstlich?“. Sehen Sie es einmal so: Es ist wunderbar, die eigenen Gefühle so deutlich wahrnehmen zu können. Jetzt geht es nur noch darum, wie Sie aktiv damit umgehen, um sie für Ihre Entscheidungsfähigkeit zu nutzen.

Gefühle als positive Verstärker

Es gibt Emotionen, die uns so richtig pushen. Das kann sein:

- situationsbezogen („In dieser Sache bin ich mir völlig sicher."),
- personenbezogen („In Gegenwart dieser Person(en) fühle ich mich wohl und kann mir gut eine Meinung bilden und dahinter stehen."),
- aufgrund der Tagesform („Heute fühle ich mich, als könnte ich Bäume ausreißen!")
- oder auch wegen einer Charaktereigenschaft/Selbstsicherheit, die Sie grundsätzlich haben („Ich mache es schon immer irgendwie richtig.").

Und es gibt natürlich die positiven Gefühle, die eine Entscheidung selbst mit sich bringt. Vielleicht möchten Sie sich beruflich verändern und haben gerade ein tolles Angebot bekommen. Total happy schlagen Sie ein. So schön diese positiven Verstärker auch sind: Es ist gleichzeitig angebracht, ein Alarmglöckchen läuten zu lassen. Denn wie negative Emotionen einem oft eine Entscheidung erschweren, so können auch positive Stimmungen die Entscheidungssituation vernebeln. Sehr begeisterungsfähige Menschen kennen das besonders gut: Das Hochgefühl sorgt für unglaubliche Kraft und Leidenschaft in einer Sache. Doch es kann zu vorschnellen Entscheidungen führen und den Blick auf wichtige Fakten, Teilaspekte und Konsequenzen verstellen. Ab Seite 68 gehen wir näher darauf ein, wie Sie die ganze Bandbreite Ihrer Gefühle in gute Entscheidungen einbringen können. Alles, was Sie an positiven Gefühlen zu einer aktuellen Frage haben – oder sich im Hinblick auf die Veränderung/das Ziel erarbeiten –, hilft bei der Entscheidung. Und es verhilft Ihnen zu mehr Sicherheit und Motivation. Zeit für eine kleine Inventur in Sachen Emotionen.

Selbst-Check: **Positive Gefühle**

Diese Checkliste können Sie auf zwei Arten nutzen:

1. für Ihre generelle Einschätzung
2. für eine konkrete Entscheidungssituation

Ordnen Sie sich bei jeder der folgenden Eigenschaften einer Zahl in der Skala von - 5 bis + 5 zu. Bitte schätzen Sie sich ehrlich ein. Das hilft Ihnen dabei, den Stand Ihrer Einstellung auszuloten und mit dem Ergebnis zu arbeiten.

Ich bin begeisterungsfähig.

<------------------------- | ------------------------->

–5 –4 –3 –2 –1 0 +1 +2 +3 +4 +5

Ich nehme gern die Dinge in die Hand.

<------------------------- | ------------------------->

–5 –4 –3 –2 –1 0 +1 +2 +3 +4 +5

Ich bin positiv-realistisch eingestellt.

<------------------------- | ------------------------->

–5 –4 –3 –2 –1 0 +1 +2 +3 +4 +5

Ich bin aufgeschlossen für Veränderungen.

<------------------------- | ------------------------->

–5 –4 –3 –2 –1 0 +1 +2 +3 +4 +5

Ich bin vorausschauend, kann strukturiert vorgehen.

<------------------------- | ------------------------->

–5 –4 –3 –2 –1 0 +1 +2 +3 +4 +5

Ich bitte andere Personen um Hilfe, nutze Info-Quellen.

<------------------------ | ------------------------>

–5 –4 –3 –2 –1 0 +1 +2 +3 +4 +5

Ich weiß, was ich will, kenne die eigenen Bedürfnisse/Wünsche.

<------------------------ | ------------------------>

–5 –4 –3 –2 –1 0 +1 +2 +3 +4 +5

Ich stelle mich selbst in den Fokus.

<------------------------ | ------------------------>

–5 –4 –3 –2 –1 0 +1 +2 +3 +4 +5

Ich bin humorvoll.

<------------------------ | ------------------------>

–5 –4 –3 –2 –1 0 +1 +2 +3 +4 +5

Ich übernehme Verantwortung für mich selbst, stehe voll hinter mir.

<------------------------ | ------------------------>

–5 –4 –3 –2 –1 0 +1 +2 +3 +4 +5

Diesen Selbst-Check finden Sie auch auf der beiliegenden CD.

Gefühle als Bremsen

Viele Entscheidungen haben mit einer Veränderung zu tun. Was man als große/schwerwiegende und kleine/leicht korrigierbare Entscheidung empfindet, ist individuell völlig verschieden. Generell gilt, dass sich viele Menschen etwas vor Veränderungen scheuen. Auch wenn dieses Gefühl unterschiedlich ausgeprägt ist, es erzeugt Unsicherheit. Eine Menge Fragen tauchen auf:

- Wo wird mich die Entscheidung hinführen?
- Was wären mögliche Alternativen?
- Was ist, wenn ich der Sache nicht gerecht werde?
- Was ist, wenn ich die Entscheidung bereue?
- Was ist, wenn mir meine Entscheidung nicht so gut gefällt wie das, was ich jetzt habe?

Gäbe es eine Garantie, dass die Entscheidung auf jeden Fall richtig ist, oder könnte man mit einer Kristallkugel in die Zukunft spechten, dann, denken viele, würde die Entscheidung leichter fallen. Tatsächlich trifft das gar nicht unbedingt zu. Denn die veränderte Situation kommt trotzdem. Das Ungewisse wiederum ruft unterschiedliche Gefühle hervor. Eines der stärksten ist die gute, alte Angst. Dabei kommt es auf die Dosierung an: Manchmal packt einen richtiggehend Entsetzen, manchmal befürchtet man etwas, manchmal ist es nur eine gewisse Scheu oder Unsicherheit.

Leider scheitern viele Entscheidungen bereits ganz am Anfang, weil eines dieser „Brems-Gefühle“ blockiert: Man blickt auf eine Situation, ein negatives Gefühl macht sich bemerkbar – und man nimmt Abstand oder zieht sich schnell auf sicheres Terrain zurück. So wagen manche Menschen keine Veränderungen in ihrem Leben, obwohl sie sich nichts sehnlicher wünschen. Sie bleiben lieber „auf der sicheren Seite“.

Jeder Mensch gerät in Situationen, die mit Angst und Ungewissheit verbunden sind – auch die selbstbewussteste Person, die Sie kennen.

Bitte setzen Sie sich vor dem Weiterlesen zunächst wieder mit sich selbst und Ihren negativen Verstärkern auseinander. Die folgende Checkliste hilft Ihnen dabei.

Selbst-Check: Gefühle mit „Brems-Potenzial“

Diese Checkliste können Sie auf zwei Arten nutzen:

1. für Ihre generelle Einschätzung
2. für eine konkrete Entscheidungssituation

Ordnen Sie sich bei jeder der folgenden Eigenschaften einer Zahl in der Skala von - 5 bis + 5 zu. Bitte schätzen Sie sich ehrlich ein. Das hilft Ihnen dabei, den Stand Ihrer Einstellung auszuloten und mit dem Ergebnis zu arbeiten.

Ich sehe schwarz und konzentriere mich nur auf mögliche Schwierigkeiten.

<------------------------- | ------------------------ >

–5 –4 –3 –2 –1 0 +1 +2 +3 +4 +5

Ich verhalte mich passiv und lasse den Dingen ihren Lauf.

<------------------------- | ------------------------ >

–5 –4 –3 –2 –1 0 +1 +2 +3 +4 +5

Ich verlange zu viel von mir, überfordere mich, will keine Schwäche zeigen.

<------------------------- | ------------------------ >

–5 –4 –3 –2 –1 0 +1 +2 +3 +4 +5

Ich habe Angst vor Veränderungen.

<------------------------- | ------------------------ >

–5 –4 –3 –2 –1 0 +1 +2 +3 +4 +5

Ich muss perfekt sein.

<------------------------- | ------------------------ >

–5 –4 –3 –2 –1 0 +1 +2 +3 +4 +5

Ich bin zu schnell auf Lösungen fixiert, anstatt die Lage zu eruieren.

<------------------------- | ------------------------ >

–5 –4 –3 –2 –1 0 +1 +2 +3 +4 +5

Ich möchte entweder Bauch oder Kopf ausschalten/verdrängen/ignorieren.

<------------------------- | ------------------------ >

–5 –4 –3 –2 –1 0 +1 +2 +3 +4 +5

Andere sind mir wichtiger als ich selbst, ich stelle mich selbst hinten an.

<------------------------- | ------------------------ >

–5 –4 –3 –2 –1 0 +1 +2 +3 +4 +5

Ich bin verbissen, ungnädig mit mir selbst.

<------------------------- | ------------------------ >

–5 –4 –3 –2 –1 0 +1 +2 +3 +4 +5

Ich bin ein Hätte-würde-wäre-wenn-Denker.

<------------------------- | ------------------------ >

–5 –4 –3 –2 –1 0 +1 +2 +3 +4 +5

Diesen Selbst-Check finden Sie auch auf der beiliegenden CD.

Der Gefühle-Fahrplan

So können Sie vorgehen, damit Ihre Entscheidung nicht von Gefühlen beeinträchtigt wird, sondern von ihnen profitiert:

- Machen Sie sich Ihre Gefühle bewusst.
- Ordnen Sie die Gefühle den einzelnen Aspekten zu.
- Runden Sie die Gefühlspalette ab.
- Was hätten Sie gern? Was wünschen Sie sich in Bezug auf Ihre Gefühle?
- Parken Sie die Gefühle.
- Bringen Sie nach der Analyse die Gefühle wieder mit ein.

Machen Sie sich Ihre Gefühle bewusst

Haben Sie bereits Ihre persönliche Bilanz über ihre positiven und negativen Verstärker gezogen (siehe die Seiten 63 und 66)? Wenn ja, können Sie das direkt auf diesen ersten Schritt im Entscheidungsprozess übertragen: Setzen Sie sich mit Ihren Gefühlen zur aktuell anstehenden Entscheidung ganz konkret auseinander. Am besten geht das, wenn Sie sich Zeit und Ruhe nehmen und aufschreiben, wie es Ihnen – rein gefühlsmäßig – mit der zu entscheidenden Sache geht. In den meisten Fällen hat man die sprichwörtlichen „gemischten Gefühle": Das kann von totaler Euphorie bis zu Unwohlsein gehen. Notieren Sie alles, was zutrifft. Nachdem Sie alles zu Papier gebracht haben, kommt der wichtige nächste Schritt des Konkretisierens: Gehen Sie alle Gefühle, die Sie notiert haben, der Reihe nach durch und fühlen Sie jedem einzelnen Gefühl noch einmal auf den Zahn:

- Stimmt der Name des Gefühls oder möchte ich es anders beschreiben? Beispiel: Vielleicht haben Sie „Ärger" notiert, weil sie sauer sind, überhaupt diese Entscheidung treffen zu müssen. Bei näherem Hinsehen stellt sich vielleicht heraus, dass Sie weniger verärgert als vielmehr enttäuscht sind, dass jemand die Entscheidung auf sie abschiebt.

- Was heißt das genau für mich? Beispiel: Sie haben festgestellt, dass es eher um Enttäuschung geht. Was genau meinen Sie damit? Wer oder was enttäuscht Sie? Wie äußert sich das? Wie wirkt es sich auf Sie aus – auf die Sache oder die beteiligten Personen?

Gehen Sie mit der „Mission Neugier“ auf Entdeckungsreise in Ihrer Gefühlswelt. Wenn Sie es noch nicht gewöhnt sind, sich mit Ihren Gefühlen näher zu beschäftigen, lassen Sie sich bitte einfach mal in Ruhe darauf ein und schauen Sie, was kommt. Denken Sie immer dran: Das ist ein wichtiger Teil Ihrer Entscheidungsfindung und Ihres Selbst-Bewusst-Seins. Es bedeutet keineswegs, dass Sie Ihre Entscheidung nur aufgrund von Gefühlen treffen. Zur Rolle von Kopf und Bauch kommen wir im nächsten Kapitel.

Ordnen Sie die Gefühle den einzelnen Aspekten zu

Vielleicht haben Sie diesen Schritt bereits automatisch beim ersten Punkt mitgemacht: Entscheidungen sind meist komplex – sie betreffen nicht nur eine Sache, sondern haben Konsequenzen, die sich auf andere Lebensbereiche oder Personen mit auswirken. Und natürlich auf einen selbst. Entsprechend breit ist meist auch die Gefühlspalette: So kann es gut sein, dass Sie wegen eines Aspekts sehr verunsichert, in anderer Hinsicht jedoch sehr selbstsicher sind.

Beispiel: Sie wissen, dass Sie was auf dem Kasten haben und von Ihrer Persönlichkeit und Qualifikation her schnell eine neue Stelle finden werden: Alles, was Sie persönlich angeht, macht Ihnen keinerlei Sorgen. Sie sind aber verunsichert, ob der Arbeitsmarkt mitspielt, das heißt, ob da draußen überhaupt genug freie Stellen sind, um sich erfolgreich zu bewerben.

Oder: Sie überlegen zu heiraten. Sie lieben Ihre/n Partner/in von ganzem Herzen und freuen sich eigentlich darauf, den Rest Ihres Lebens mit ihm/ihr zu verbringen. Aber gleichzeitig haben Sie Angst vor einer Hochzeit, denn Ihre früheren Beziehungen haben nie so lange gehalten. Vielleicht sind Sie nicht beziehungsfähig und eine Scheidung wäre vorprogrammiert?

Damit Sie Klarheit im eigenen Kopf bekommen – und viel freier und differenzierter zu Ihrer Entscheidung kommen können, ist es also wichtig, Ihre Gefühle den einzelnen Entscheidungs-Aspekten (Teilbereiche der Entscheidung, Lebensbereiche/Konsequenzen, beteiligte Personen) zuzuordnen.

Sie werden sehen, dass Ihnen das eine unglaubliche Sicherheit gibt. Denn Sie setzen sich dadurch nicht nur intensiv mit sich selbst und Ihrer Gefühlswelt auseinander, sondern erfahren ganz direkt, was die eigentlich schwierigen Aspekte der Entscheidung für Sie sind. Und natürlich welche Aspekte überhaupt kein Problem darstellen. Sie können also durch diese vorbereitende „Arbeit" nur gewinnen: durch eigene Klarheit und auch für die spätere Entscheidung und Argumentation. Denn wer sich und seine Einstellung und Emotionen konkretisieren kann, ist auch in der Lage, entsprechende Lösungen zu finden oder sich anderen mitzuteilen.

Manchmal stellt sich bei dieser Selbstanalyse heraus, dass es um generelle Gefühle geht – also nicht nur um eine bestimmte Entscheidung, sondern eher um die Persönlichkeit. So wird einem vielleicht klar, dass man sich unsicher und zögerlich vorkommt, aber nicht nur auf die aktuelle Entscheidung bezogen. Vielmehr zieht sich dieses Gefühl wie ein Muster durchs Leben: Man fühlt sich unwohl und fremdbestimmt, weil immer andere das Ruder übernehmen. Gleichzeitig übernimmt man aber nie die Verantwortung und freut sich insgeheim, wenn einem andere die Entscheidungen abnehmen. Manche Menschen können, wenn sie sich dessen bewusst sind, anhand von Tipps und Literatur gut an sich arbeiten. Leichter geht es oft, wenn man sich Unterstützung von außen holt: von Freunden, von einem Coach oder auch im Rahmen einer Therapie. Nutzen Sie diese Möglichkeiten!

Runden Sie die Gefühlspalette ab

Meist bleibt man während der ersten beiden Schritte bei den deutlichsten Gefühlen stecken: Eigentlich logisch, denn die dominanten Gefühle machen sich auch entsprechend laut bemerkbar. Gehen Sie in diesem dritten Schritt noch einmal die Entscheidungssituation durch, hören sie auch auf die „leiseren" Gefühle, und achten Sie auf die weniger gewichtigen

Aspekte der Entscheidung. Das Ziel: Was hat meine Gefühlspalette in Bezug auf diese Entscheidung noch zu bieten? Konkretisieren Sie bitte auch diese weiteren Gefühle, wie im ersten Schritt näher beschrieben.

Was hätten Sie gern? Was wünschen Sie sich in Bezug auf Ihre Gefühle?
Im nächsten Schritt möchte ich Sie einladen, zu „spinnen“: Machen Sie sich einfach einmal eine Wunschliste, und überlegen Sie völlig frei von irgendeinem Realitäts-Check, was Sie gern hätten und was Sie an Informationen et cetera brauchen, um sich wohler und sicherer zu fühlen. Bitte dran denken: Es geht immer noch um Ihre mit der Entscheidung verbundenen Gefühle – und nicht um die Sache selbst.

Nehmen Sie sich also das erste Ihrer Gefühle vor. Am leichtesten fällt es mit den starken, verunsichernden Gefühlen. Nehmen wir an, es geht um eine berufliche Entscheidung: Ihr Kollege ist in den Urlaub gegangen und hat einen Vorgang liegen lassen, den eigentlich nur er kennt und hätte abschließen müssen. Nun kann die Entscheidung nicht warten und hängt an Ihnen. Sie sind stinksauer auf Ihren Kollegen, weil er die Sache nicht erledigt hat. Außerdem stellen Sie beim Sichten des Vorgangs fest, dass es praktisch keine Aktennotizen gibt – Sie müssen also zu allem Überfluss auch noch die Informationen zusammensuchen beziehungsweise beim Kunden erfragen. Dabei kommen Sie sich extra blöd vor und haben Angst, dass Sie der Kunde für inkompetent hält. Außerdem kostet das Ganze unnötig Zeit.

Schon bei diesem konstruierten Beispiel – das es in der Praxis häufig gibt! – wird deutlich, wie stark Gefühle blockieren können: Denn hier dreht sich alles um den Ärger auf den Kollegen und die eigenen Gefühle. Das eigentliche Anliegen (der Kunde und die damit verbundene Entscheidung), das in den Mittelpunkt gehörte, rückt an den Rand, weil der Kopf mit Gefühlen zugewirbelt ist, die einem selbst näher liegen.

Wenn Sie die ersten Schritte anwenden (das geht mit etwas Übung übrigens sehr schnell und wird nach ein paar Mal zum Automatismus), haben Sie die unterschiedlichen Gefühle den verschiedenen Aspekten/Personen zugeordnet. Und Sie haben dabei schon festgestellt, dass das eigentliche

Anliegen an den Rand gerückt ist. Nun geht es darum, zu sehen, was Sie jeweils brauchen, um die Entscheidung gut treffen zu können.

Sie nehmen sich beispielsweise Ihre Stinkwut vor und stellen bei der Frage „Was hätten Sie gern?“ fest, dass Sie diese nur direkt mit dem Kollegen klären können. Sie fanden es nicht gut, dass er die Sache liegen gelassen hat, wie der Vorgang geführt war und dass Sie infolgedessen einen erhöhten Arbeits- und Zeitaufwand hatten. Da der Kollege aber noch zwei Wochen weg ist, können Sie ihm das alles nicht sagen und diesen Aspekt hier und jetzt nicht klären. Deshalb hat es auch keinen Sinn, sich momentan damit zu beschäftigen. Also erst mal parken.

Greifen wir einen anderen Aspekt heraus: die Befürchtung, man könne Sie für inkompetent halten. Also: Was müsste sein, damit Sie diese Befürchtung nicht mehr haben? Vielleicht stellt sich heraus, dass Sie einen Teil der Informationen dem Computerprogramm entnehmen können. Oder Sie würden sich besser fühlen, wenn Sie etwas mehr über diesen Kunden wüssten. Vielleicht kennt ein Kollege die Ansprechperson dort und kann Ihnen etwas Sicherheit geben. Schließlich ist es auch wichtig, Ihre Befürchtung zu konkretisieren: Warum sollte man Sie für inkompetent halten?

Drehen Sie Ihre Gedanken einfach mal um: Anstatt sich damit aufzuhalten, dass Sie jemand für inkompetent hält, können Sie auch überlegen: Wie müssten Sie auftreten, damit der Kunde Sie als kompetent erlebt und anerkennt, dass Sie sich vertretungsweise um die Entscheidung kümmern (natürlich ohne Ihren Kollegen gleichzeitig schlecht zu machen – denn das würde tatsächlich inkompetent wirken und sich auf Ihr eigenes Image und das des Unternehmens ungut auswirken).

Parken Sie die Gefühle

Wenn Sie eher ein rationaler Mensch sind, war das vielleicht schon Ihr allererster Schritt. Wer sich zunächst mit den Gefühlen auseinander gesetzt hat, sollte sich anschließend daran machen, die Gefühle erst einmal zu parken. Denn es geht nun darum, die Entscheidungssituation/-sache rein faktenmäßig zu prüfen. Ohne dass die Gefühle mit hineinspielen dürfen. Sie wissen ja: Es ist wichtig, sich seiner Emotionen bewusst zu sein, sie ernst zu nehmen und einfließen zu lassen. Genauso wichtig ist es aber auch, das Gefühlsleben abspalten zu können und einmal völlig unbehelligt davon die faktische Seite zu prüfen. Mehr dazu im zweiten Teil.

Bringen Sie nach der Analyse die Gefühle wieder ein.
In diesem Schritt kombinieren wir beides: Ihre Gefühls-Analyse und die Faktenseite treffen aufeinander. Anders gesagt: Sowohl Kopf als auch Bauch haben jetzt ein Wörtchen mitzureden. Da Bauch und/oder Kopf ein sehr großes Thema bei der Entscheidungsfindung darstellen – das für viele Menschen große Probleme aufwirft –, kommen wir im nächsten Kapitel ausführlich darauf zu sprechen.

Das Gefühl, unter Druck zu sein

Eine Entscheidung unter negativem Druck zu treffen ist immer problematisch. Man fühlt sich nicht wohl, vielleicht sogar gedrängelt, und ist allein aufgrund der Umstände nicht entspannt genug, um in Ruhe zu überlegen. Manche Menschen sagen von sich, sie laufen unter Druck erst so richtig zur Hochform auf. So hilfreich die Eigenschaft ist, auf den letzten Drücker oder unter bedrängenden Umständen einen klaren Kopf zu bewahren, so wenig empfehlenswert ist es, sich bei wichtigen Fragen darauf zu verlassen. Gerade Entscheidungen, die wir mit bestimmten Konsequenzen verbinden, fallen nicht besonders leicht. Dann sollten wir uns die Zeit nehmen, um strukturiert und konkret zu werden. Und in den meisten Fällen ist das absolut möglich.

Wenn wir ehrlich sind, müssen wir sehr wenige Entscheidungen tatsächlich unter Zeitdruck treffen.

In den meisten Fällen bleibt genug Zeit, um strukturiert und überlegt vorzugehen. Wenn Sie die einzelnen Schritte und Werkzeuge in diesem Buch ausprobieren und das, was Ihnen besonders liegt, in der Praxis anwenden, wird Ihnen der Entscheidungsprozess generell leichter fallen und schneller von der Hand gehen. Sich selbst einen Termin zu setzen, zu dem man eine Entscheidung getroffen haben möchte, ist natürlich sehr hilfreich. Mehr zum selbst gewählten Zeitdruck ab Seite 105.

O-Ton Sabine: „Bei Aufschieberitis zu einer Entscheidung setze ich mir einen Termin: Bis wann will ich die Entscheidung getroffen haben?"

Was aber, wenn man tatsächlich unter Zeitdruck steht? Jemand verlangt eine sofortige Entscheidung, oder man ist in einer Jetzt-oder-nie-Situation. In solchen Fällen ist Folgendes wichtig:

- Finden Sie zunächst heraus, woher der Zeitdruck kommt: Wer macht den Druck? Warum? Was spricht dagegen, die Entscheidung in Ruhe zu treffen? Häufig bauen andere oder man selbst unnötigen Zeitdruck auf, und dieser schadet einer guten Entscheidung. Die Auseinandersetzung darüber, wie dringlich die Situation ist, bringt in vielen Fällen die Erkenntnis, dass es sich um unnötigen Druck handelt. Aber auch wenn tatsächlich Zeitnot herrscht, bekommt man durch das Abchecken der zeitlichen Situation ein besseres Gefühl und mehr Kontrolle über den möglichen Zeitrahmen.

- Wenn es tatsächlich sofort sein MUSS, dann ist es wichtig, dass Sie sich etwas Allein-Zeit verschaffen (und wenn es nur fünf Minuten sind!). Achtung: Nicht wertvolle Zeit damit verlieren, darüber zu diskutieren, dass die Zeit knapp ist und ob man sich diese Allein-Zeit gönnen darf. Diese Diskussion verzögert erst recht alles und verstärkt noch den Druck.

- Hören Sie in sich hinein, wie Ihre spontane Entscheidung ausfällt – und registrieren Sie, ob diese vom Kopf oder vom Bauch her kommt. Halten Sie die spontane – unüberlegte – Entscheidung und die damit verbundenen Gedanken schriftlich fest!

- Schreiben Sie dann die unterschiedlichen Aspekte der Entscheidung auf. Das Arbeitsblatt „Worum geht's?" (Seite 107) ist eine gute Anleitung. Kopieren Sie das Arbeitsblatt doch einfach und halten Sie es als

Formular in Ihrem Schreibtisch vor. Dann haben Sie es immer griffbereit und können gut strukturiert vorgehen, auch wenn die Zeit drängt.

Sie sehen: Es geht darum, auch bei schnellen Entscheidungen einen klaren Kopf zu behalten und strukturiert die einzelnen Aspekte abzuhaken. Mit etwas Übung und nach einiger Zeit geht das ratzfatz. Wenn Sie sich zeitlich so unter Druck fühlen, dass Sie sich mit einer Entscheidung – wie immer sie ausfällt – nicht wohl fühlen, dann ist es besser, sich dagegen zu entscheiden. Denken Sie auch daran, andere Menschen um Unterstützung zu bitten. Ob es um fachlichen Rat geht oder einfach um eine weitere Meinung: Schon das allein kann hilfreich sein.

Es gibt Entscheidungssituationen, die vorhersehbar sind und deren verschiedene Möglichkeiten und Konsequenzen man im Vorfeld in Ruhe durchspielen kann. Dazu gehören viele Entscheidungen im beruflichen Alltag. Ein guter Ansatz dafür ist, sich zu fragen: „Was ist wenn ..." – Was ist, wenn ein Kunde XY verlangt? ... wenn unsere Computeranlage ausfällt? ... wenn das Auto einen Motorschaden hat und liegen bleibt? In zahlreichen Alltagssituationen kann man sich in Ruhe mit Plan A oder B vertraut machen und sich das nötige Werkzeug, Alternativen oder auch „Notfall-Pläne" zurechtlegen, die man dann zu Rate zieht oder direkt umsetzt, wenn es ernst wird.

Wann endlich, wenn nicht jetzt?
Albert Einstein

4. Kopf & Bauch

Wenn sich Gefühle und Verstand einig sind, ist das natürlich ideal. Man ist sich sicher, und das Entscheiden fällt gleich viel leichter: Alles fühlt sich richtig an. Doch so einfach geht das nicht immer. Nicht jeder Mensch hat unmittelbar Zugang zu seinen Gefühlen. Oder man bekommt vor lauter Emotionen keinen klaren Kopf. Selbst wenn man auf beides zugreifen kann, macht sich oft Verwirrung breit.

O-Ton Evi: „Ich weiß bei Entscheidungen oft nicht, ob das, was ich dann tue, richtig oder falsch, vernünftig oder völliger Quatsch ist – ob eine Hirnentscheidung besser ist als eine Bauchentscheidung. Normalerweise entscheide ich immer gleich und aus dem Bauch heraus. Mein jetziger Job beispielsweise war eine reine Hirnentscheidung, an der ich noch knabbere."

Halten Sie sich eher für einen Gefühlsmenschen? Oder gehen Sie meist analytisch an die Dinge ran? Selbst wenn Sie eine klare Präferenz haben – oder glauben, sich besser auf den Kopf oder das Bauchgefühl verlassen zu können, wäre es schade, sich damit zu begnügen. Denn beide Seiten sind wichtig dafür, eine gute Entscheidung zu treffen, mit der Sie sich wohl fühlen. Das ist insbesondere wichtig, weil es keine Garantien gibt: Eine Entscheidung kann noch so gut abgewogen sein – das heißt keineswegs, dass die Dinge so eintreten werden, wie man sich das vorstellt.

In eine Schublade stecken können einen nicht nur andere: Das macht man auch leicht selbst. Etwa wenn man sich von Haus aus als „reinen Kopfmenschen" oder „total von Emotionen geleitet" einordnet und deshalb erst gar keinen Versuch unternimmt, die andere Richtung einzuschlagen. Wer sich nur auf den Verstand oder ausschließlich auf Gefühle verlässt, vergibt immer Chancen. Denn beides ist relevant dafür, eine gute Entscheidung zu treffen. Bevor wir uns den Kopf- und den Bauchfaktor näher ansehen, ist es wichtig, auszuloten, wie Sie sich selbst einordnen.

✔ Selbst-Check: Verstand/Gefühle

1. Wenn ich eine Entscheidung zu treffen habe,
   - ☐ spüre ich erst mal in mich hinein: Wie geht es mir? Wie fühlt sich das an?
   - ☐ schaltet sich sofort mein Kopf ein, und ich analysiere die Situation.
   - ☐ bemühe ich mich immer um beides: analytisch vorzugehen, aber auch auf meinen Bauch zu hören.
   - ☐ bin ich mir gar nicht wirklich bewusst, ob mehr der Kopf oder der Bauch mit hineinspielt.

   Bitte führen Sie diesen Gedanken weiter aus:

   ....

   ....

2. Wenn ich eine Entscheidung treffe, spielt der „Kopf" eine
   - ☐ wichtige Rolle, weil …
   - ☐ unwichtige Rolle, weil …

   ....

   ....

3. Wenn ich eine Entscheidung treffe, spielt der „Bauch" eine
   - ☐ wichtige Rolle, weil …
   - ☐ unwichtige Rolle, weil …

   ....

   ....

4. Ich fühle mich wohler damit, beim Entscheiden
   - ☐ meinen Gefühlen zu vertrauen.
   - ☐ möglichst analytisch und strukturiert vorzugehen und handfeste Gründe zu haben.

   Grund:

   ……………………………………………………………………………

   ……………………………………………………………………………

5. Geben Sie auf die vierte Frage eine andere Antwort, wenn Ihre Entscheidung nicht nur Sie alleine, sondern auch andere Menschen betrifft, beziehungsweise wenn Sie Ihre Entscheidung und die Gründe dafür vor anderen vertreten sollen?
   - ☐ Nein
   - ☐ Ja

   Grund:

   ……………………………………………………………………………

   ……………………………………………………………………………

Diesen Selbst-Check finden Sie auch auf der beiliegenden CD.

Der Kopf

Der „Kopf" steht für den Verstand, für die Fakten, für alles, was man klar benennen kann – und mit dem man versucht, die Richtigkeit einer Entscheidung zu garantieren. Ein typisches Beispiel für die verstandesmäßige Vorgehensweise ist die Pro-und-Contra-Liste (siehe Seite 131). Bestimmt haben Sie auch schon einmal Situationen daraufhin abgeklopft, was denn an Fakten für oder gegen eine Sache spricht.

Die Verstandesseite bei Entscheidungen ist allerdings komplexer. Meine Erfahrung zeigt immer wieder, dass viele Menschen die Möglichkeiten der Fakten-Seite überhaupt nicht ausschöpfen. Die Hauptgründe dafür sind:

- Man springt zu schnell zu möglichen Lösungen.
- Es werden nicht alle Informationen/Fakten zusammengetragen, die möglich wären.
- Man wagt sich gar nicht an die „Kopfseite“ heran.
- Man lässt sich vom Gefühle-Wirrwarr oder von Zeitdruck ablenken.

Verkehren wir diese typischen Blockierer einmal in ihr Gegenteil, um zu sehen, wie man den Kopf ganz bewusst mit einbezieht:

Sich ausgiebig mit der Vorbereitungsphase beschäftigen
Wir haben im dritten Kapitel bereits darauf hingewiesen, wie problematisch vorschnelle Entscheidungen sind (siehe Seite 73): Die Lage nicht gründlich zu prüfen, sondern sich nur auf Teilbereiche zu konzentrieren oder schnell zu einer Lösung springen zu wollen sind nur zwei Faktoren, die es einem fast unmöglich machen, eine richtige Entscheidung zu treffen. Bevor Sie sich entscheiden können, heißt es

- eine Bestandsaufnahme machen: Worum geht es? Wo stehe ich? Wo sehe ich Hindernisse oder Fragezeichen?
- Informationen sammeln/sich um Antworten und Fakten kümmern.
- sich der eigenen Gefühle zur Sache bewusst werden.
- alle gesammelten Erkenntnisse auswerten und abwägen.

Erst ganz am Ende geht es um die Entscheidung selbst! Und anschließend natürlich um die Umsetzung. Zu allen diesen Bereichen kommen wir ausführlich im zweiten Teil („Schritt für Schritt zur Entscheidung“).

Alle Informationen/Fakten zusammentragen, die möglich sind
Bei jeder Entscheidung kann man eine ganze Menge an Informationen und Fakten sammeln! Selbst wenn es um eine Frage geht, bei der man sich selbst nicht auskennt, ist es möglich neue Informationsquellen anzuzapfen oder sich um Input anderer zu bemühen. Auch wenn die Faktenseite keine Garantie gibt, erlaubt sie es, wichtige Filter zu setzen und die Konsequenzen einer Entscheidung ganz klar zu benennen. Und genau das brauchen Sie, um sich eine Meinung zu bilden und hinter Ihrer Entschei-

dung zu stehen. Diesem komplexen Thema ist daher ein eigenes Kapitel gewidmet (ab Seite 113).

Nur wenn Sie die Fragestellung Ihrer Entscheidung – und sämtliche damit verbundenen Aspekte – richtig formulieren, nutzen Sie auch alle Möglichkeiten aus, die nötigen Antworten zu finden.

Sich an die „Kopfseite" heranwagen

Nicht jeder geht analytisch und strukturiert vor. Manch einer scheut sich vor den Fakten, weil er sich für einen reinen Gefühlsmenschen hält, der nicht gewohnt ist oder gar keine Lust hat, eine Sache verstandesmäßig anzugehen. Oder auch, weil es ihm widerstrebt, sich um konkrete Informationen zu bemühen. Wie wir etwas später noch sehen werden, bietet die Kopf-und-Bauch-Thematik auch eine vortreffliche Alibi-Funktion: Ich kann mir Verstand und Gefühle auch jeweils so hinbiegen, dass ich etwas besonders gewichte oder ausblende, um zu der Sichtweise zu kommen, die mir angenehm ist.

Wenn Sie sich nicht für einen analytischen Menschen halten, empfehle ich Ihnen, dieses Vorurteil in eigener Sache gleich zu begraben. Denn selbst wenn Sie tatsächlich eher gefühlsgesteuert sind und damit auch gut fahren, so wägt jeder Mensch – oft unbewusst – in gewissem Maß Fakten, Erfahrungen und Informationen ab. Das heißt: Auch Sie tun das – und können analytisch(er) vorgehen. Im zweiten Teil erhalten Sie zahlreiche Tipps und Werkzeuge dazu.

Sind Sie eher jemand, der sich als zu kopflastig einstuft und versucht, alles zu Tode zu analysieren? Auch das ist nicht immer angenehm. Und es kann dazu führen, dass man sich nie entscheidet, weil man im Analysieren stecken bleibt. Keine Sorge: Auch das können Sie ändern. Sie lernen weiter unten Methoden und Tipps kennen, die es Ihnen erleichtern, Ihre Analysen auszuwerten und einzuordnen. Zum Einbeziehen Ihres Bauchgefühls kommen wir gleich.

Das Knäuel im Kopf entwirren

Je schwerwiegender eine Entscheidung für Sie aussieht, desto mehr kann Ihnen der Kopf schwirren: Verschiedene Möglichkeiten, unüberschaubare Konsequenzen, oft eine ganze Menge negativer Szenarien und die damit verbundenen Gefühle vermischen sich. Das Wichtigste dabei ist, konkret zu werden. Und das geht nur, wenn Sie sich einen klaren Überblick verschaffen: Was schwirrt mir da alles an Fragen, Szenarien, Gefühlen im Kopf herum?

Stellen Sie sich vor, Sie haben einen vollen Schreibtisch: Überall stapeln sich Papiere, Kundenakten, Faxe, Telefonzettel, Sie haben jede Menge persönlicher Termine wahrzunehmen und Deadlines für Projekte. Sie sitzen vor Ihrem vollen Schreibtisch, wissen nur, dass Sie alles irgendwie fertig bekommen müssen. Dass manche Dinge sehr eilig sind und dass Ihre Zeit drängt. Sie wissen allerdings nicht, WAS sich alles in diesen Stapeln befindet, was genau zu tun ist, was wie wichtig oder dringend ist – entsprechend können Sie auch nicht einschätzen, wie hoch der zeitliche Aufwand ist, um den Papierberg zu bearbeiten und alles termingerecht zu erledigen. Dazu kommt das überwältigende Gefühl, gerade gar nichts unter Kontrolle zu haben. Stress macht sich breit.

In so einer Situation ist es wohl eindeutig: Als einziger Ausweg bleibt, den Papierstapel zu sichten. Klar kann man hier unterschiedlich vorgehen: Sie können einfach etwas von oben wegnehmen und mit der Arbeit beginnen. Die bessere Taktik ist es natürlich, sich zunächst einen Überblick zu verschaffen: Erst mal konkret sehen, was es zu tun gibt, den Papierstapel sichten und ordnen – Unwichtiges wegwerfen oder hintanstellen, den Rest priorisieren. Und erst danach an die Arbeit gehen.

So logisch dieses Vorgehen ist, so unlogisch verhalten sich die meisten Menschen, wenn es um eine persönliche Entscheidung geht: Da kümmert man sich oft gar nicht darum, was alles im Kopf vorhanden ist, worum es eigentlich geht und wie sich die Prioritäten verteilen. Sondern man versucht – oft mit unausgegorenen Gedanken – zu einer Lösung zu kommen.

Bezähmen Sie immer zuerst das Durcheinander im Kopf: sichten, entwirren, ordnen. Allein das bringt Ihnen schon die nötige Ruhe und Übersicht für einen klaren Kopf. Außerdem merken Sie sofort, wie gut es sich anfühlt, die Kontrolle wieder zu übernehmen. Wie genau Sie dabei vorgehen können, erfahren Sie ausführlich im zweiten Teil.

▸ Übung: Wie gehen Sie bisher mit dem Verstand, mit dem „Kopf" um?

Achten Sie im (privaten und beruflichen) Alltag einmal auf alle Situationen, in denen Sie bewusst nachdenken und analysieren. Das kann das Erstellen der Einkaufsliste sein, die Planung einer Feier im Sportverein, ein Brainstorming mit Arbeitskollegen. Es sind aber auch die Überlegungen gemeint, die automatisch ablaufen: Sie stecken in der U-Bahn fest und werden zu spät zum Zahnarzttermin kommen – was läuft im Kopf ab? Kalkulieren der verbleibenden Zeit, abchecken, ob das Handy im Tunnel funktioniert, die Nummer des Zahnarztes herausfinden, was heißt eine Verschiebung für den weiteren Tagesablauf? Wer muss eventuell noch informiert werden? ... Jeder von uns setzt sich bewusst hin und sammelt Informationen, wägt ab.

Übrigens verweisen auch Schwarzsehereien auf einen cleveren Einsatz des Kopfes: Bestimmt wird mein Chef das und das sagen, und dann passiert das, und es wirkt sich so und so auf mich aus ... Unabhängig vom Inhalt sind diese Gedankenketten ein perfektes Beispiel für analytisches Denken.

O-Ton Nike: „Ich weiß, das klingt albern und höchst unlogisch. Ist es vielleicht auch. Aber ich gehe ein (großes) Problem meist völlig sachlich, logisch, rational an, nach Schema F – und wenn ich es dann analysiert und zerpflückt habe, entscheidet doch die Intuition. Dennoch ist die rationale Herangehensweise vorher keineswegs vergeudete Zeit. Ich brauche die analytische Auseinandersetzung, die macht mir den Kopf klar und frei für die richtige Entscheidung. Oftmals sieht das Herz es ein und folgt der rationalen Entscheidung. Aber wenn mein Herz mir gegen vierzig Contra-Punkte dennoch sagt „mach es!", dann ist es richtig so. Dann habe ich aber all die

Contras vorher erkannt und rationalisiert und weiß, welche Schwierigkeiten mich erwarten."

Der Bauch

Ein „irgendwie ungutes Gefühl" oder auch die euphorische Empfindung „Ja, das ist es!" von Glück oder Zufriedenheit kennt wohl jeder. Für manche Menschen ist dieses Erspüren der Gefühle sehr einfach: Sie merken einfach gleich, ob etwas gut, seltsam oder schlecht ist. Doch Vorsicht: So ein Bauchgefühl kann auch sehr täuschen und auf eine falsche Fährte führen!

... Beispiel: Der Posten der Abteilungsleiterin wird frei. Die scheidende Führungskraft weiß, dass eine ihrer Mitarbeiterinnen als Nachfolgerin hervorragend geeignet wäre. Diese jedoch hat ein schlechtes Gefühl dabei – ihr Bauch sagt, sie sei für die Stelle nicht geeignet. Also ist sie drauf und dran, abzulehnen. Bei näherer Betrachtung stellt sich heraus, dass das komische Gefühl im Magen daher rührt, dass sie nicht sicher weiß, ob sie mit den Aufgaben einer Führungskraft zurechtkommen wird. Diese Unsicherheit wiederum liegt in ihrem übersteigerten Anspruch an sich selbst begründet, perfekt sein zu müssen.

Unsere Gefühle geben wichtige Signale, die wir immer ernst nehmen sollten. Allerdings bedeutet das nicht automatisch, dass das Gefühl Recht hat – à la „Wenn ich ein Grummeln in der Magengegend verspüre, heißt das Hände weg" oder „Wenn ich mich gut fühle, ist es auf jeden Fall richtig".

Zu einer guten Entscheidung gehört es ganz selbstverständlich, die Gefühle zu hinterfragen und klar benennen zu können. Nur dann sind sie ein wertvoller Wegweiser.

Besonders schwierig ist es natürlich, wenn man etwas unbedingt will oder braucht. Beispielsweise einen neuen Job:

O-Ton Barbara: „Aus Erfahrung kann ich mittlerweile sagen: Entscheidungen, die mir im Bauch weh getan haben, waren so gut wie immer falsch. So hatte ich beim Vorstellungsgespräch für einen Job einmal überhaupt kein gutes Gefühl. Ich sagte dann doch zu – und war neun Monate lang dort sehr unzufrieden ... und bin dann auch schnell geflüchtet."

Ja, es ist schwierig, und manchmal ist der Druck auch so groß, dass man ein ungutes Gefühl ignoriert oder sich selbst gut zuredet: Man überredet sich selbst zu einem neuen Job, weil einfach das Geld fehlt. Oder die Beziehung ist eigentlich nicht mehr das Wahre, aber man ist schon Ende 30, und wenn man Familie und Kinder will, wird es jetzt langsam Zeit, damit anzufangen. Entscheidungen bestehen durchaus auch aus Kompromissen. Dabei ist es umso wichtiger, diesen Weg bewusst einzuschlagen. Nehmen wir das Beispiel mit dem Job: Wenn Sie glauben, die Position annehmen zu müssen – etwa weil Sie in Geldnot sind, dann entscheiden Sie sich besser im vollen Bewusstsein dieser Situation für die neue Stelle, als dass Sie das ungute Gefühl beiseite schieben und sich die Stelle schönreden – und es hinterher bereuen. In diesem Fall profitieren Sie doppelt von Ihrem Bauchgefühl:

- Sie nehmen die eigenen Bedenken ernst und setzen sich konkret damit auseinander (Sie sind und bleiben Herr der Lage!).
- Sie können ruhigen Gewissens in die neue Stelle gehen: Denn Sie haben entschieden, dass es für Sie momentan am wichtigsten ist, zu arbeiten und Geld zu verdienen. Damit haben Sie klare Prioritäten gesetzt und Ihr Ziel erreicht.

Nicht vergessen: Ihr ungutes Gefühl kann Sie auch täuschen. Vielleicht erweist sich die neue Arbeit sogar als wunderbar!

Nicht jeder findet leicht einen Zugang zu seinen Gefühlen. Wenn Sie von sich sagen: „Ich spüre aber nichts! Ich kann in mich hineinhören, so viel ich will: niente!", dann nicht verzagen. Es ist alles okay mit Ihnen (ich betone das, weil es mir in Coachings immer wieder begegnet, dass Leute glauben, nicht „normal" zu sein – nach dem Motto, man muss doch was spüren, andere tun's ja auch). Wir sind alle verschieden. Der eine ist ein Ass in Mathe – der andere blickt einen simplen Dreisatz nicht. Manche beherrschen sofort jede Sportart, andere haben keine ausgeprägte Körperkontrolle. Mit dem Zugang zu Gefühlen ist es ähnlich. Insbesondere, wenn man darin keine Übung hat, fällt es einem schwerer. Dennoch gilt, dass jeder von uns immer Gefühle hat und sie einsetzt. Manche mehr, manche weniger. Und nicht immer ist uns dieser Einsatz bewusst, oft passiert es ganz automatisch.

▸ Übung: Ihr Gefühls-Einsatz im Alltag

Machen Sie sich einmal bewusst, wie es mit Ihren Gefühlen im privaten und beruflichen Alltag aussieht: Registrieren Sie Ihre Gefühle, nehmen Sie sie aktiv wahr! Sie sind wütend über einen Kollegen? Sie freuen sich tierisch, dass Sie Konzertkarten gekauft haben? Sie heulen bei einem ergreifenden Film? Sie sind erstaunt über eine Info? Sie sind angespannt wegen eines Kundengesprächs? Sie sind stolz auf Ihr Kind? Nehmen Sie außerdem wahr, wie Gefühle Ihre alltäglichen kleinen Entscheidungen beeinflussen: Sie sitzen mittags beim Chinesen. Beim Lesen der Speisekarte stellen Sie sich vor, wie der Fisch süß-sauer jetzt schmecken würde oder ob das Curry-Huhn Sie mehr anmacht. Ihre Kollegin fragt, ob Sie nach der Arbeit noch mit zum Cocktailtrinken gehen möchten. Sie merken, dass Sie eher Lust haben, sich faul vor den Fernseher zu knallen. Ihr Freund will ins Kino. Okay, aber nur wenn es was Lustiges ist. Denn Sie „brauchen" jetzt dringend was, das Sie zum Lachen bringt. Der erste Schritt, einen besseren Zugang zu Ihren Gefühlen zu bekommen, ist, sich dessen bewusst zu werden, wie Sie bereits im Alltag gefühlsmäßig entscheiden. Auch diejenigen, die von sich behaupten, mit Gefühlen nicht viel am Hut zu haben und eher kopfgesteuert zu sein, werden staunen, wie oft sich das Gefühl im Alltag einmischt.

Verstand oder Gefühl – wer hat nun Recht?

Nun haben Sie für Ihre Entscheidung sowohl den Kopf als auch den Bauch befragt und alles zusammengetragen. Wenn beide Instanzen übereinstimmen: Super. Doch nicht immer ist das der Fall:

O-Ton Jutta: „Schwierig beim Entscheiden ist, wenn Kopf und Bauch miteinander streiten: Sinnvoll wäre jetzt …, aber eigentlich mag ich nicht. Oder umgekehrt."

Natürlich gibt es keine allgemeine Antwort wie „Horchen Sie immer auf Ihr Gefühl" oder „Verlassen Sie sich im Zweifelsfall auf die Fakten". Wir haben schon gesehen, dass es auf beiden Seiten Fallstricke gibt. Darum ist es wichtig, jede Entscheidung individuell abzuwägen – und in mancher Situation dem Kopf zu folgen, in anderer wiederum dem Bauch. Keine zufrieden stellende Antwort für Sie? Kann ich mir vorstellen. Darum lassen Sie sich bitte auf das Kapitel „Abwägen & Entscheiden" vertrösten (ab Seite 143): Dort erfahren Sie ganz konkret, wie Sie jeweils gewichten können. Abschließend möchte ich noch einmal auf das wichtige Thema „Alibi-Funktion" kommen:

O-Ton Ernst: „Ob Kopf oder Bauch, das hängt von der Sache ab. Ich bemühe mich immer, mein eigener Moderator zu sein. Zuerst sammle ich, gewichte, bearbeite, plane. Und dann muss natürlich auch das Bauchgefühl stimmen. Und damit ist ein Feld aufgetan, bei dem noch nicht mal klar ist, ob der Kopf überhaupt letztlich gleichberechtigt mit dem Bauchgefühl ist. Denn viele Dinge sind bereits entschieden, und die rechtfertigt man sich dann noch ein bisschen mit dem Kopf, damit auch der Verstand zufrieden ist."

Gegen diese Art von Vorentscheidungen ist nichts einzuwenden, solange man es bewusst macht und sich nicht in die Tasche lügt oder etwas schönredet, bis es passt.

Interview:

„*Kopf und Bauch sind für mich grundsätzlich keine wirklichen Gegensätze*"

Oliver, 30, arbeitet als selbstständiger Softwareentwickler.

Du sagst, Entscheidungen fallen dir besonders schwer, wenn Kopf und Bauch sich widersprechen ...

Ja, damit meine ich, wenn meine rationalen Erkenntnisse und mein Instinkt sich widersprechen: Kopf und Bauch sind für mich grundsätzlich keine wirklichen Gegensätze, das heißt, die Ratio funktioniert nach meinem Verständnis prinzipiell genauso wie das Gefühl. Gefühle sind letztlich für mich das Ergebnis eines sehr rational ablaufenden Erkenntnismechanismus, weshalb ich Gefühlen mindestens das gleiche Gewicht einräume wie meinem Verstand. Jedes Gefühl stellt für mich das Ergebnis eines komplizierten Bewertungsmechanismus dar, durch den mein Körper und mein Selbst mir wichtige Informationen über die Umgebung, meine Mitmenschen und mich selbst mitteilen.

Insgesamt bin ich ein sehr impulsiver Mensch, und Gefühle und Verstand widersprechen sich zuweilen. Ich dränge meine Gefühle aber nicht beiseite – jedes Gefühl hat seine Berechtigung und seinen Sinn, und ich versuche, die Ursache der Gefühle festzustellen. Fühle ich mich unwohl in Gegenwart eines bestimmten Menschen, dann ignoriere ich das nicht, sondern versuche, diesem Gefühl auf den Grund zu gehen, und setze dafür zusätzlich den Verstand als Werkzeug ein. Viele Entwicklungen kann man im Voraus regelrecht „spüren", lange bevor sie für das Auge selbst sichtbar werden.

Gefühle sind für mich das Ergebnis einer komplizierten Auswertung und Bewertung zahlloser Informationen. Lernt man beispielsweise einen Menschen kennen und empfindet spontan Zuneigung, so ist dies das Ergebnis zahlreicher Analysen, von denen man selbst bewusst nicht viel bemerkt, zum Beispiel chemischer Analysen (Geruch), visueller Analysen (Körpersprache, Mimik etc.), oder einer Selbstanalyse (wie „stark" bin ich selbst in der Relation zu anderen, das eigene Selbst im Verhältnis zur Außenwelt etc.).

Stehe ich also vor einer Entscheidung, höre ich immer zuerst auf meinen „Bauch“: Wie „fühlt es sich an“, fühlt es sich „richtig“ an? Und muss ich letztlich Entscheidungen treffen, neige ich stets der Alternative zu, bei der sich „Bauch“ und „Kopf“ einig sind.

Ein wichtiger Aspekt ist für mich auch: „Passt“ eine Entscheidung zu mir und meinem Naturell? Ich habe für mich erkannt, dass mein Charakter Wesenszüge aufweist, die manche Schritte begünstigen und erleichtern, andere hingegen erschweren oder behindern. Es bringt nichts, gegen sich selbst und seine Eigenarten zu rebellieren und gegen den „Strom“ der eigenen Persönlichkeit und den eigenen Charakter anschwimmen zu wollen. Zum Beispiel empfinde ich Papierarbeit als sehr lästig. Steuererklärungen und ähnliche Verwaltungsarbeit beispielsweise schiebe ich trotz guter Vorsätze stets auf die lange Bank. Ich bin dafür einfach zu unwillig, und mich langweilen solche Arbeiten zu Tode. Häufig gehe ich ihnen aus dem Weg, was natürlich nicht besonders klug ist und leider auch zu Problemen führt. Trotzdem muss diese Arbeit erledigt werden. Deshalb gebe ich all die Tätigkeiten, die mir nicht so sehr liegen, lieber an jemanden, der dafür besser geschaffen ist als ich. Ich habe es aufgegeben, gegen mich selbst und meinen inneren Unwillen anzukämpfen, und versuche stattdessen lieber die Dinge zu tun, die mir natürlicherweise liegen und Spaß bringen. Gute Entscheidungen haben immer damit zu tun, dass man sich selbst gut kennt und realistisch einschätzt: Wer bin ich, was kann ich – und was will ich?

Zweiter Teil: Schritt für Schritt zur Entscheidung

> „*Hinter jeder Ecke lauern ein paar Richtungen.*“
> Stanislaw Jerzy Lec

1. Bestandsaufnahme

Entscheidungen fallen dann besonders schwer, wenn man sich zu schnell in Richtung Lösung bewegt: Eine gute Entscheidung

- beruht auf ausführlichen Informationen,
- ist sorgfältig abgewogen,
- steht im Einklang mit Ihren Zielen und
- ist auch gefühlsmäßig „stimmig“.

Um überhaupt die Voraussetzungen dafür zu schaffen, ist es wichtig, sich intensiv damit auseinander zu setzen, worum es Ihnen genau geht. Kein Wunder, dass es schwer fällt – oder gar unmöglich ist –, eine Entscheidung über Fragen wie zum Beispiel die folgende zu treffen: „Ich bin nicht so wahnsinnig glücklich in meinem Job. Ich würde gern irgendwas Spannenderes machen. Mein nächster Kündigungstermin naht. Soll ich mich jetzt bewerben oder ist das bei der momentanen Arbeitsmarktlage unklug?“

Wenn man das liest, wird sehr schnell deutlich, dass die Fragestellung viel zu unkonkret ist – und damit gar nicht greifbar. Dennoch verfahren die meisten Menschen genau so, wenn es um Entscheidungen geht! Viel schlimmer ist jedoch, dass die Frage am eigentlichen Thema völlig vorbeigeht. Anstatt zu überlegen, ob die Marktsituation einem Jobwechsel entgegensteht, ist zunächst einmal wichtig:

- Was genau heißt „nicht so wahnsinnig glücklich“?
- Was wäre „irgendwas Spannenderes“?

Beim Hinterfragen dieser Aspekte stellt sich nämlich sehr schnell heraus, ob es überhaupt um einen Jobwechsel geht – oder ob es andere Möglichkeiten gibt, die aktuelle berufliche Situation positiv zu verändern. Selbst wenn sich der Wunsch nach einer beruflichen Neuorientierung bestätigt, sind vor der Frage des Bewerbungstimings viel wichtigere Punkte zu klären: Wie sollte/könnte die neue Tätigkeit überhaupt aussehen? Welche Schritte sind nötig, um eine solche Position zu erreichen?

Lassen Sie uns ausführlich durchgehen, wie eine konkrete Bestandsaufnahme aussieht, auf deren Basis Sie eine gute Entscheidung treffen können. Wir behandeln alle Fragen, die nützlich für Sie sind. Anhand eines konkreten Beispiels wird deutlich, worin die Vorteile bestehen und wie die einzelnen Fragen gemeint sind. Selbstverständlich können auch kleinere, klar umrissene Entscheidungen Schwierigkeiten machen, etwa bei einer Anschaffung. In solchen Fällen lohnt sich ebenfalls eine Bestandsaufnahme, wenngleich sie natürlich weniger komplex ausfällt. Nähere Hinweise und Checklisten dazu finden Sie im Kapitel „Informationen sammeln" ab Seite 113. Im Folgenden geht es zunächst um die vielschichtigen Entscheidungen.

Am Ende dieses Kapitels – und auf der dem Buch beiliegenden CD – finden Sie die nachfolgend näher erklärten Fragen wieder als hilfreiche Vorlagen. Wenn Sie aktuell eine Entscheidung zu treffen haben, können Sie sich die Fragebögen ausdrucken und das Kapitel gleich praktisch durcharbeiten.

Erster Schritt: Worum geht's?

Erstaunlich, dass viele Menschen nicht schriftlich denken. Da wird eine Entscheidung im Kopf hin- und hergewälzt oder auch mal eine Pro-und-Contra-Liste geschrieben, doch alles Schwarz-auf-Weiß aufzuschreiben, das tun die wenigsten. Dabei – und das bestätigen mir Coaches und Workshopteilnehmer immer wieder – hat bereits das Aufschreiben den Nutzen, dass alles viel klarer wird. Manchmal kristallisieren sich allein dadurch bereits wichtige Antworten heraus.

Die Sachlage niederschreiben:

1. Schreiben Sie in Stichpunkten oder in einem Satz nieder, worum es bei Ihrer aktuellen Entscheidung geht.
2. Konkretisieren Sie nun Ihre Antwort: Worum geht es genau? Was sind weitere Aspekte, die für Ihre Situation und diese Entscheidung eine Rolle spielen? Je ausführlicher, desto besser.
3. WER – außer Ihnen – ist noch von der Entscheidung betroffen (direkt und/oder indirekt)? Inwiefern?
4. WAS ist alles von der Entscheidung betroffen? Auf welche anderen Aspekte Ihres Lebens – beruflich/privat – wirkt sich Ihre Entscheidung aus?

Bitte denken Sie daran: Momentan geht es nur darum, Ihre Gedanken zu der Entscheidungssituation aufzuschreiben. Es geht noch nicht um Vollständigkeit oder Realitäten und schon gar nicht um Lösungen. Anhand des Beispiels weiter oben möchte ich Ihnen zeigen, welche konkreten Aspekte schon beim ersten Aufschreiben sichtbar werden.

1. Schreiben Sie in Stichpunkten oder in einem Satz nieder, worum es bei Ihrer aktuellen Entscheidung geht.

- Ich frage mich, ob ich bei der aktuellen Arbeitsmarktlage den Job wechseln soll.

2. Konkretisieren Sie nun Ihre Antwort: Worum geht es genau? Was sind weitere Aspekte, die für Ihre Situation und diese Entscheidung eine Rolle spielen? Je ausführlicher, desto besser.

- Ich bin unglücklich in meinem Job: Ich fühle mich unterfordert und nicht richtig anerkannt. Das kann es doch nicht gewesen sein!
- Ich suche eine spannendere Tätigkeit. Wo ich selbst wieder mehr lerne und man mich auch mal lobt und mir mehr Verantwortung gibt.
- Das Timing würde passen: Mein nächster Kündigungstermin naht.

- Ich habe Angst, dass ich keinen neuen Job finde.
- Ich würde die Krise bekommen, wenn zwischen den Stellen ein Loch entsteht und ich kein Einkommen habe.
- Da ich schon so lange in meiner alten Firma arbeite (was sicher dazu beiträgt, dass man mich als selbstverständlich ansieht), bin ich auch etwas unsicher, wie es mir in einer neuen Firma gehen würde.

3. WER – außer Ihnen – ist noch von der Entscheidung betroffen (direkt und/oder indirekt)? Inwiefern?

- Mein Mann. Er arbeitet in derselben Firma. Wenn ich den Job wechsle, bräuchten wir vielleicht ein zweites Auto, weil wir nicht mehr gemeinsam fahren können. Außerdem wird er vielleicht komisch angeredet von Chef und Kollegen. Er wäre wahrscheinlich nicht so begeistert, wenn ich mich wegbewerbe.
- Mein Chef.
- Meine jetzigen Kollegen. Sicher kann sich keiner von ihnen vorstellen, dass ich jemals gehen würde. Und Leid täte es mir auch, denn wir haben ein sehr freundschaftliches Verhältnis. Eigentlich bin ich gern dort, wenn meine Unzufriedenheit mit dem Job nicht wäre.

4. WAS ist alles von der Entscheidung betroffen? Auf welche anderen Aspekte Ihres Lebens – beruflich/privat – wirkt sich Ihre Entscheidung aus?

- Wenn der neue Job weiter weg wäre, kämen vielleicht lange Fahrtzeiten hinzu. Momentan arbeite ich am Ort und habe mit dem Auto nur zwanzig Minuten zu fahren.
- Ich würde mich besser fühlen, wenn ich wieder gern zur Arbeit ginge. Außerdem würde es mein Selbstbewusstsein stärken, wenn mir auch mal jemand sagt, dass das, was ich mache, gut ist, und man meine Arbeit schätzt.
- Das Geld. Vielleicht würde ich mehr verdienen, vielleicht aber auch weniger. Wenn das mit der Stelle passen würde, würde ich weniger in Kauf nehmen.

So könnte der Überblick unserer Beispielperson aussehen. Man merkt schon, dass sich einige ganz klare – und wichtige! – Aspekte der Entscheidung herausgebildet haben. Doch das reicht natürlich noch nicht. Denn jetzt heißt es, richtig konkret zu werden und noch etwas weiter in die Tiefe zu gehen:

Worum geht es genau?

Sehen Sie sich Ihren Überblick zunächst unter dem Gesichtspunkt an, was der Auslöser für Ihre Entscheidungssituation ist. Das kann sein:

- Jemand stellt Sie vor eine Wahl (es wird Ihnen z. B. ein Heiratsantrag gemacht, ein Job angeboten ...).
- Sie möchten etwas verändern (etwa Ihrem Leben einen neuen Dreh geben, umziehen, eine Anschaffung machen, mehr Geld verdienen ...).
- Es sind Umstände eingetreten, die Sie sich nicht ausgesucht haben (z. B. Jobverlust, Krankheit ...).
- Sie möchten „weg" von etwas (Vielleicht läuft Ihre Partnerschaft nicht gut oder Sie haben das Gefühl, im Beruf gemobbt zu werden ...).

Die wichtigsten Aspekte, mit denen Sie sich gleich zu Beginn auseinander setzen sollten, sind der Auslöser und Ihre Motivation, die Entscheidung zu treffen.

In unserem Beispiel erfahren wir Folgendes über die Motivation:

- unglücklich im Job: das Gefühl, unterfordert und nicht richtig anerkannt zu sein
- „Das kann es doch nicht gewesen sein!"
- eine spannendere Tätigkeit, die sie weiterbringt (dazulernen)
- persönliche Anerkennung und Aufmerksamkeit
- mehr Verantwortung
- schon sehr lange in der Firma (das Gefühl, als selbstverständlich angesehen zu werden)
- eigentlich gern in der Firma, versteht sich mit Chef und Kollegen auch sehr gut, sodass ein Abschied nicht leicht fallen würde

Besonders der letzte Punkt zeigt, dass die Entscheidung, die Firma zu verlassen, nicht unbedingt gewünscht ist: Denn eigentlich fühlt sich unsere Beispielperson dort wohl – das Umfeld, das Verhältnis zu Chef und Kollegen passen. Um ein besseres Gefühl dafür zu bekommen, wo der Hund genau begraben liegt (denn nur, wenn man das weiß, kann man sich um Lösungen kümmern), ist es wichtig, sich näher mit den Unzufriedenheitsfaktoren der momentanen Arbeitsstelle zu befassen.

Für Ihre individuelle Entscheidung heißt das:

- Hinterfragen Sie die Ausgangssituation immer so konkret wie möglich! Beachten Sie also alle Aspekte, die sich durch eine Entscheidung verändern sollen.
- Öffnen Sie sich für weitere Richtungen: Weiten Sie in dieser Phase Ihrer Entscheidungsfindung Ihren Horizont bewusst aus – und suchen Sie weitere Alternativen über das Entweder-oder hinaus (also nicht nur „bleiben" oder „gehen").

Unsere Beispielperson sollte sich jeden einzelnen Punkt getrennt vornehmen und aufschreiben: Was genau heißt das für mich? Was gehört für mich dazu? Was ist ein Beispiel dafür? Was müsste sein, damit ich weiterhin gern in diesem Unternehmen bleiben würde? Das bedeutet, Aussagen wie „unterfordert" genau aufzuschlüsseln: Inwiefern fühle ich mich unterfordert? Was beziehungsweise welche Tätigkeit unterfordert mich? Warum? Oder die Aussage „werde als selbstverständlich angesehen": Wer/was konkret gibt mir dieses Gefühl? Woran mache ich das fest?

Natürlich ist es wichtig, anschließend auch die Seiten wahrzunehmen, auf die das nicht zutrifft: Also zu durchforsten, welche Tätigkeiten okay sind oder durchaus verantwortungsvoll. Was man an der jetzigen Tätigkeit mag. Auch bewusst zu registrieren, welche Vorteile es hat, schon so lange in der Firma zu sein. Wie es sich anfühlt, überall Bescheid zu wissen. Wie es mit der eigenen Anerkennung für sich selbst aussieht. Und ob man sich vielleicht sogar selbst für selbstverständlich hält. Jeder trägt auch immer selbst zu einer Situation bei. So kann es sein, dass Sie keine offene Anerkennung von anderen bekommen, weil Sie nach außen den Eindruck machen, derlei Bestätigung nicht zu „brauchen“, oder vielleicht in der Vergangenheit immer verlegen abgewunken haben, wenn Sie gelobt wurden. Kommen wir nun dazu, Ihre Entscheidungsmöglichkeiten zu erweitern:

Nicht nur Entweder-oder

Wie schon gesagt, gibt es generell die Tendenz zum Entweder-oder-Denken. Eine Entscheidung stellen sich viele als Weggabelung vor, bei der sich zwei Wege ins „Ungewisse“ verzweigen. Dabei gibt es in der Regel viel mehr Alternativen als nur zwei. Und es ist auch keineswegs immer das Ausschlussverfahren gefragt. Bevor Sie Ihre Entscheidung bis zum Ende durcharbeiten, sollten Sie sich möglichst früh – idealerweise gleich im Rahmen Ihrer Bestandsaufnahme – darauf einstimmen, dass Sie meist mehrere Möglichkeiten haben. Das hat zwei Vorteile:

1. Sie werden gedanklich offener, weil nicht der Druck auf Ihnen lastet, sich zwischen zwei Richtungen zu entscheiden (die meist die Extreme sind).
2. Sie gehen viel bedachter vor und nehmen vorhandene Chancen wahr, die Sie sonst unter den Tisch fallen lassen würden.

Machen Sie am besten ein Brainstorming, um Alternativen zu finden. Dabei kurbeln Sie Ihre Kreativität für weitere Möglichkeiten erst recht an, wenn Sie alles zulassen, also auch Dinge, die Sie für nicht so realistisch oder gar für absurd halten.

In unserem Beispiel gab es diese möglichen Alternativen:

- kündigen und sich woanders bewerben
- bleiben und mit dem Chef die Situation besprechen
- in der Firma bleiben und zusätzliche Aufgaben übernehmen
- mit dem Chef sprechen, ob er eine neue Stelle schafft
- sich innerhalb der bisherigen Firma woandershin bewerben und einen neuen Job übernehmen

- in Teilzeit bei der bisherigen Firma bleiben und in Teilzeit woanders arbeiten
- in Teilzeit bei der bisherigen Firma bleiben und parallel dazu selbstständig arbeiten
- sich komplett selbstständig machen und als Freiberuflerin bei der bisherigen Firma arbeiten, aber natürlich zusätzlich weitere Kunden akquirieren
- nebenbei eine Fortbildung beginnen
- kündigen und erst mal eine Auszeit zur Orientierung darüber nehmen, was für berufliche Möglichkeiten es gibt

Das sind nur einige Varianten. Vielleicht kommen manche davon für unsere Beispielperson gar nicht ernsthaft in Frage (z. B. eine Selbstständigkeit). Und doch ist es gut, sich die pure Möglichkeit vor Augen zu halten: Ich kann nicht nur das ODER das machen. Sondern ich darf aus einem ganzen Strauß von Möglichkeiten wählen. Eventuell lassen sich ein paar davon sogar gut kombinieren. Ich möchte Ihnen drei Konsequenzen des Entweder-oder-Denkens schildern, die mir oft begegnen:

Die Bequemlichkeitslösung

Ein Mittdreißiger wird von seiner Freundin vor die Wahl gestellt: Heiraten oder Ende der Beziehung. Die Freundin will eine Familie gründen und hat für sich entschieden, dass sie endlich konsequent sein muss. Dazu gehört für sie, dass ihr Freund klar Stellung bezieht. Dieser wiederum fühlt sich etwas überfordert, denn eigentlich ist seine Freundin nicht „die Frau" für ihn. Ja, er möchte auch Familie, aber eigentlich nicht mit dieser Frau. Die Beziehung ist schon in Ordnung, aber er erhält sie eher aus Bequemlichkeit noch aufrecht.

Anstatt sich näher mit der Grundfrage auseinander zu setzen (Möchte ich meine Freundin heiraten und mit ihr eine Familie haben? Was wünsche ich mir für mein Leben/für eine Beziehung?), geht er bei seiner Entscheidung davon aus:

- Entweder ich heirate meine Freundin.
- Oder meine Freundin verlässt mich.

Eine richtige Entscheidung nur auf Basis dieser Fragestellung zu treffen ist kaum möglich. Und auch nicht fair – weder sich selbst, noch der Freundin gegenüber.

Das kleinere Übel wählen?

Eine Frau ist unglücklich mit ihrem Leben: Sie kündigt ihren Job und studiert wieder. Sie trennt sich von ihrem langjährigen Partner, weil sie seit langem unglücklich in der Beziehung ist. Die Trennung bringt einen Wohnungswechsel mit sich. Nun hat sie alle diese großen Veränderungen vollzogen – doch jetzt bekommt sie die Krise: Das Geld ist viel knapper als vorher, sie fühlt sich allein, und die neue Wohnung ist so klein und trostlos, weil sie kein Geld hat, sie richtig schön einzurichten. Was nun? Anstatt sich damit zu befassen, was jeweils passieren müsste, um die Krise zu meistern, verschiebt sie den Fokus und denkt auf allen Ebenen an Rückzieher: Besser als das Alleinsein ist es vielleicht doch, mit dem Ex-Partner wieder zusammenzukommen. Der finanzielle Engpass lässt sich am schnellsten überwinden, wenn sie das Studium wieder schmeißt.

Jetzt oder nie!

Das Entweder-oder-Denken bezieht sich häufig auch auf den Zeitpunkt: Man redet sich ein, dass die aktuelle Entscheidungssituation eine Chance betrifft, die nie mehr wiederkommen wird: Die typische „einmalige Chance“ – wenn man sie nicht wahrnimmt, könnte man das sein Leben lang bereuen. Die seltensten Situationen sind einmalig. Und wenn klare Gründe gegen etwas sprechen, selbst wenn es sich um eine dieser einmaligen Chancen handelt, dann ist es immer noch besser, diesen Gründen Gehör zu schenken, als sich völlig durch das „Jetzt oder nie“ zu blockieren. Überlegen Sie:

Stellen Sie für sich eine Prioritätenliste auf

- Was ist Ihnen besonders wichtig, was weniger? (Und konkretisieren Sie jeweils: Warum genau?)
- Wenn Sie eine alte und eine neue Situation vergleichen: Trennen Sie zwischen Tatsachen und Spekulationen. Bei einer möglichen neuen Situation wissen Sie noch nicht, wie die Realität tatsächlich aussieht.

- Bewerten Sie eine gewesene/aktuelle/mögliche neue Situation immer ausgewogen: Konzentrieren Sie sich nicht einseitig nur auf das Positive oder nur auf Negatives, sondern beziehen Sie alle Aspekte mit ein.

Zweiter Schritt: Der aktuelle Stand der Dinge

Nach der Bestandsaufnahme kommt als Nächstes das Abchecken des Status quo. Stellen Sie sich folgende Fragen, und schreiben Sie alle Ihre Gedanken und bisherigen Aktivitäten dazu auf:

Wie weit ist die Entscheidung gediehen?

1. Die Entscheidung ist schon getroffen:

- Meine Entscheidung steht eigentlich fest/ich tendiere zu folgender Entscheidung, weil ...
- Ich habe meine Entscheidung getroffen, bin aber nicht sicher wegen ...
- Ich stehe zwischen der Entscheidung und den damit verbundenen Entscheidungen/nächsten Schritten. Unklar ist mir momentan, ...

2. Die Entscheidung ist noch nicht getroffen:

- Ich fühle mich nicht in der Lage, mich zu entscheiden/die Entscheidung fällt mir schwer, weil ...
- Ich schiebe diese Entscheidung schon länger auf, weil ...
- Ich schiebe diese Entscheidung schon länger vor mir her, ...
  ... und es geht mir gut damit, weil ...
  ... aber es geht mir nicht gut damit, weil ...

Diese Analyse ist bereits eine wichtige Zwischenbilanz: Zum einen weil sie Aspekte betrifft, die Sie für sich bereits geklärt haben beziehungsweise die noch offen sind – zum anderen zeigt sie, wie Sie zu der Entscheidungssituation selbst stehen. Natürlich kann es sein, dass Sie Antworten geben, die sich scheinbar widersprechen.

Beispiel: Sie schieben die Entscheidung tatsächlich schon länger vor sich her. Das belastet Sie, weil nichts vorangeht, aber auch, weil Sie unzufrieden mit sich selbst sind: Normalerweise kennen Sie sich als „Macher" und nicht als so zögerlich. Gleichzeitig kann es sein, dass Sie sich wohl damit fühlen, die Entscheidung noch nicht getroffen zu haben, weil Sie mit Veränderungen nicht so gut umgehen können. Die momentane Situation macht Sie zwar etwas unglücklich, aber sie ist immerhin vertraut. Wer weiß, wie sich die Veränderungen auswirken werden? Wenn Sie Ihren aktuellen Entscheidungsstand ermitteln, bekommen Sie einen klaren Überblick über

- Ihre bisherigen Fortschritte (vielleicht sind Sie ja schon weiter, als Sie denken!),
- Informationslücken, die Sie noch füllen möchten, und
- Ihre Gefühlslage: Womit fühlen Sie sich wohl, was macht Sie unsicher, was motiviert, was blockiert?

Dritter Schritt: Befürchtungen und Hindernisse

Am meisten blockieren uns angenommene oder tatsächlich vorhandene Hindernisse und Ängste. Es ist sehr wichtig, diesen potenziellen negativen Gegebenheiten ins Auge zu sehen.

Was könnte passieren, was könnte mich behindern?

1. Was hindert mich daran, (m)eine Entscheidung zu treffen, beziehungsweise welche Hindernisse/Befürchtungen sehe ich auf mich zukommen?

2. Was fehlt mir? Unter welchen Umständen könnte ich die Entscheidung treffen? Was müsste sein, damit ich mich entscheiden kann?

3. Was/wer könnte mir dabei helfen?

Sehr wichtig ist es, dass Sie ganz ehrlich mit sich selbst sind. Auch wenn es sich um Punkte handelt, die Sie eigentlich albern finden, oder wenn Sie sich negatives Denken und Schwächen nicht zugestehen: Nehmen Sie alle Ihre Gedanken ernst. Insbesondere Ihre Befürchtungen. Denn nur, wenn Sie diese mit einbeziehen und sich um Lösungen dafür bemühen, werden Sie sich mit Ihrer Entscheidung wohl fühlen.

Nehmen wir an, Sie haben Streit mit einem Kollegen und wollen nun offen mit ihm reden. Inhaltlich ist alles klar. Sie möchten die Sache auch gern klären. Doch als Hindernisse sehen Sie,

- dass „man" mit dem Kollegen „nicht reden kann" und
- dass Sie selbst eher von der ungeduldigen Sorte sind und in einem Gespräch schnell ungehalten werden, wenn Ihr Gegenüber nicht beim Thema bleibt.

Diese Hindernisse führen dazu, dass Sie keine rechte Lust auf das Gespräch haben. Gleichzeitig befürchten Sie, dass Sie vielleicht noch mehr kaputtmachen, erst recht, wenn Sie dabei ausrasten sollten.

Wenn Sie sich mit diesen Gedanken konfrontieren, können Sie sich im Vorfeld darum bemühen, sie zu umschiffen, beziehungsweise sich darauf vorbereiten, sie gut zu meistern. Ganz abgesehen davon, dass man Spekulationen und Vorurteile („mit dem kann man nicht reden") nicht mit Tatsachen verwechselt.

Es ist nicht nur völlig normal, sondern sehr klug, Hindernisse vorherzusehen und sich mit den eigenen Befürchtungen und Unsicherheiten aktiv auseinander zu setzen.

Vierter Schritt: Die spontane Entscheidung

Eine gute Hilfe für Ihre spätere „endgültige" Entscheidung ist es, schon früh im Entscheidungsprozess Ihre Tendenzen auszuloten und zu notieren. Darum gehört zu Ihrer Bestandsaufnahme unbedingt die folgende

Frage: Wie würden Sie sich spontan entscheiden – ungeachtet anderer Personen, Gedanken, Konsequenzen? Fragen Sie sich: Wenn nichts sonst eine Rolle spielen würde, außer Ihrer eigenen Meinung und Ihrem Gefühl, wie würde Ihre Entscheidung ausfallen? Warum?

Sollten Sie nicht zu den Menschen gehören, die sich schnell eine Meinung bilden, haben Sie doch immer irgendeine Tendenz. Da wir uns bei Entscheidungen oft darum bemühen, möglichst objektiv zu sein, nehmen wir diese Tendenzen leider viel zu selten so richtig wahr. Denn Spontaneität oder Subjektivität wird in diesem Zusammenhang gern als unvorteilhaft gewertet – klare Überlegungen, Analysen und Neutralität sind gefragt, oder?

Beides ist wichtig! Denn was nützt Ihnen eine tolle, überlegte Entscheidung, wenn Sie sich damit nicht wohl fühlen. Und: Natürlich ist Ihre Entscheidung – auch wenn Sie auf objektiven Informationen beruht – letztlich immer subjektiv. Soll sie ja auch sein! Es ist IHRE Entscheidung.

Fünfter Schritt: Die Meinung anderer

Haben Sie bereits Ansichten anderer zu Ihrem Plan bekommen? Oder wissen Sie, wie einzelne Bekannte/Freunde/Familienmitglieder über die Sache und über Sie denken – und was sie für eine Meinung zu Ihrer Entscheidung haben? Dann schreiben Sie sich diese einmal auf.

Ich habe für meine aktuelle Entscheidungssituation bereits Input/Meinungen bekommen. Und zwar:

- Von dieser Person:
- Sie ist folgender Ansicht:
- Was halte ich davon?

Meinungen anderer – die Ihnen gegenüber persönlich geäußert wurden oder die Sie irgendwo gelesen oder gehört haben – üben einen Einfluss aus. Manchmal mehr, manchmal weniger. Sie können ermutigen, gute

Impulse geben, auf mögliche Hindernisse hindeuten. Sie können aber auch verunsichern, verärgern, in die Defensive bringen et cetera.

O-Ton Barbara: „Ich muss mich bei schwierigen Themen immer mit jemandem besprechen. Oft spiele ich dann – nicht immer bewusst – den Advocatus Diaboli für die eine oder andere Seite der Argumentation. Das hilft mir, meinen Blick auf Dinge zu schärfen, die mir wichtig sind. Meistens kennt man ja seine Pappenheimer – und ich weiß, welcher meiner Freunde in etwa welchen Standpunkt vertreten wird. Da diskutiere ich dann auch mal mit zwei oder drei Leuten darüber, um verschiedenen Input zu bekommen."

Je nachdem, wie Sie zu Ihren Zielen und zu bestimmten Personen stehen und wie selbstbewusst Sie sind, lassen Sie sich mehr oder weniger von den Meinungen anderer beeinflussen. Bitte lesen Sie dazu auch die Tipps auf den Seiten 58 („Fremde Meinungen bewerten und einordnen") und auf den Seiten 113 („Informationen sammeln").

Wo soll's hingehen?

Bei einigen Entscheidungen ist es wichtig, einen Schritt zurückzutreten und das „Big Picture" zu betrachten: Wo möchten Sie hin? Was sind Ihre Ziele? Angenommen, Sie wollen endlich eine Familie gründen. Ihr/e Partner/in möchte Sie gern heiraten und das Leben mit Ihnen verbringen. Allerdings ganz sicher ohne Kinder. In so einem Fall wäre es kurzsichtig, sich nur auf die Frage zu beschränken, ob man sich das Jawort gibt. Es gehört unbedingt dazu, dass Sie sich damit auseinander setzen, wie wichtig Ihnen der Kinderwunsch ist. Auch wenn es weh tut, die Partnerschaft damit auf den Prüfstand zu stellen.

Nehmen wir das Beispiel Beruf: Zu mir kommen häufig Leute ins Coaching, denen es um berufliche Neuorientierung geht. Sie wissen nicht genau, was sie machen könnten oder sollten. Und dennoch sind viele bereits eifrig am Bewerben. Wie kann ich mich aber bewerben, wenn ich gar nicht weiß, was ich beruflich machen möchte? Auch bei Anschaffungen stellt sich die Frage, was Sie eigentlich möchten: Sie brauchen ein neues Auto? Was genau wollen Sie denn langfristig damit machen? Machen Sie sich im nächsten Jahr selbstständig – dann wäre vielleicht ein Kombi besser, um genügend Stauraum für Material zu haben. Oder Sie haben eine schicke grüne Hose gesehen, die Sie unbedingt kaufen möchten – auch wenn Grün bisher nicht so Ihre Farbe war. Bevor Sie sich dafür entscheiden, sollten Sie sich fragen, ob überhaupt etwas in Ihrem Kleiderschrank hängt, das dazu passt.

Auch, wenn Sie niemand sind, der sein Leben groß durchplant oder längerfristige Ziele verfolgt, lohnt es sich, bei jeder Entscheidung ein bisschen in die Zukunft zu blicken. Zeichnet sich schon eine Entwicklung ab, die mit der aktuellen Entscheidung kollidieren könnte? Oder können Sie Ihre Entscheidung noch „verfeinern", wenn Sie künftige Pläne gleich jetzt mit einbeziehen?

Sechster Schritt: Faktor Zeit

Für eine gute Entscheidung ist es auch wichtig, sich über den Zeitrahmen klar zu werden:

- Gibt es einen festen Termin, bis zu dem die Entscheidung getroffen sein muss? Wenn ja: Welchen? Woraus ergibt sich dieser Termin? Ist er unumstößlich? Weswegen?
- Oder ist die Entscheidung eigentlich nicht an einen Termin geknüpft, Sie legen jedoch selbst einen Zeitrahmen fest. Wenn ja: Welchen?

Ich erlebe leider immer wieder diese beiden Extreme: Manche Menschen setzen sich keinerlei Termin und schieben eine Entscheidung teilweise Jahre vor sich her (was sie gleichzeitig unzufrieden macht oder sogar erheblich belastet). Andere geben sich viel zu kurze Fristen und setzen sich damit selbst unter Druck – besonders wenn sie Entscheidungen sonst gern hinausgezögert haben. Nicht selten kommen Menschen ins Coaching, die seit langem unzufrieden sind und jetzt von sich selbst verlangen, innerhalb von vierzehn Tagen eine komplexe Entscheidung zu treffen. Dabei geht es oft um zahlreiche Teilaspekte und Fragen/Gefühle, die geklärt werden sollen: Ein Unding, das Ganze in einem Atemzug durchziehen zu wollen! Einigen meiner Coachingkunden hat es in dieser Situation besonders gut getan, sich selbst noch ein Jahr Zeit mit ihrer Entscheidung zu geben. Sofort fiel der Druck von ihnen ab. Fragen Sie sich also:

- Bis wann muss/will ich eine Entscheidung getroffen haben?
- Ist der Termin realistisch? (Fühle ich mich wohl mit dem Zeitrahmen, oder setze ich mich unter Druck? Kann ich mich – neben meinem normalen Alltag – damit ausreichend beschäftigen und fehlende Informationen einholen?)
- Gibt es Kompromisse zu diesem Zeitrahmen? (Kann ich zum Beispiel die durch meine ausführliche Bestandsaufnahme identifizierten Teilaspekte unterschiedlich „terminieren" oder eine vorläufige – widerrufbare – Entscheidung „auf Probe" treffen?)

Den Zeitrahmen selbst zu gestalten gibt Ihnen Kontrolle über den Entscheidungsprozess und Gelassenheit. Anhand der zahlreichen Tipps und Methoden, die Sie in diesem Buch an die Hand bekommen, können Sie künftig auch mit kürzeren Zeiträumen umgehen und alles Notwendige abchecken. Damit geraten Sie nicht mehr so leicht unter Zeitdruck und behalten einen klaren Kopf.

Selbst gesetzte Termine sind nicht in Stein gemeißelt! Seien Sie fair zu sich selbst: Wenn Sie es einfach nicht schaffen oder Phasen haben, wo Ihnen die Lust fehlt, sich mit einer Entscheidung auseinander zu setzen, dann gestehen Sie sich zu, den gesetzten Termin bewusst zu verschieben.

Worum geht's? – Ihre anstehende Entscheidung im Überblick

Bei der Bestandsaufnahme geht es noch nicht darum, sich Gedanken zur Lösung zu machen, sondern lediglich darum, dass Sie sich einen Überblick verschaffen. Nehmen Sie sich Zeit, in Ruhe alle Fragen durchzugehen und schriftlich zu beantworten.

1. Schreiben Sie in Stichpunkten oder in einem Satz nieder, worum es bei Ihrer aktuellen Entscheidung geht:

   ....

   ....

2. Konkretisieren Sie nun Ihre Antwort: Worum geht es genau? Was sind weitere Aspekte, die für Ihre Situation und diese Entscheidung eine Rolle spielen? Je ausführlicher, desto besser:

   ....

   ....

3. WER – außer Ihnen – ist noch von der Entscheidung betroffen (direkt und/oder indirekt)? Inwiefern?

Diese Person/en ist/sind mitbetroffen:	Inwiefern:
....	....
....	....

4. WAS ist alles von der Entscheidung betroffen? Welche anderen Aspekte Ihres Lebens – beruflich/privat – berührt Ihre Entscheidung?

Die Entscheidung wirkt sich auch aus auf:	Meine Gedanken dazu:
....	....
....	....

Dieses Arbeitsblatt finden Sie auch auf der beiliegenden CD.

Der aktuelle Stand der Dinge

Wenn es sich bei Ihrer aktuellen Entscheidung um etwas handelt, das Sie schon länger vor sich herschieben, beziehungsweise wenn Sie gerade mitten im Entscheidungsprozess stecken, machen Sie sich bitte Gedanken über folgende Aspekte:

Wenn Sie Ihre Entscheidung (eigentlich) schon getroffen haben:

Meine Entscheidung steht eigentlich fest/ich tendiere zu folgender Entscheidung, weil …

....

....

....

Ich habe meine Entscheidung getroffen, bin aber nicht sicher wegen …

....

....

....

Ich stehe zwischen der Entscheidung und den damit verbundenen Entscheidungen/nächsten Schritten. Unklar ist mir momentan …

....

....

....

2. Wenn Sie Ihre Entscheidung noch nicht getroffen haben beziehungsweise auch nicht recht wissen, wie Sie sich entscheiden sollen:

   Ich fühle mich nicht in der Lage, mich zu entscheiden/die Entscheidung fällt mir schwer, weil …

   ....

   ....

   ....

   Ich schiebe diese Entscheidung schon länger auf, weil …

   ....

   ....

   ....

   Wie geht es mir damit, dass ich diese Entscheidung schon länger vor mir herschiebe?

Es geht mir gut damit, weil …	Es geht mir nicht gut damit, weil …
....	....
....	....
....	....

Es kann sein, dass Sie bei dieser Frage auf beiden Seiten Antworten haben. Eine aufgeschobene Entscheidung mag belasten, aber auch Vorteile mit sich bringen.

Dieses Arbeitsblatt finden Sie auch auf der beiliegenden CD.

Befürchtungen und Hindernisse

In der Regel zögern wir mit einer Entscheidung, wenn wir bestimmte Befürchtungen hegen oder Hindernisse vorhersehen. Diese sind auf der einen Seite „Stopper", richtig genutzt jedoch ein fantastisches Warnsignal, wenn etwas noch nicht stimmt, beziehungsweise eine gute Möglichkeit, alle Eventualitäten mit zu berücksichtigen. Machen Sie sich bitte Gedanken über folgende Fragen:

1. Was hindert mich daran, (m)eine Entscheidung zu treffen, welche Hindernisse/Befürchtungen sehe ich auf mich zukommen?

Hindernis/Befürchtung:	Nähere Beschreibung:
....	....
....	....

2. Was fehlt mir? Unter welchen Umständen könnte ich die Entscheidung treffen? Was müsste sein, damit ich mich entscheiden kann?

   ....

   ....

3. Was/wer könnte mir dabei helfen?

   ....

   ....

Dieses Arbeitsblatt finden Sie auch auf der beiliegenden CD.

Gerade bei persönlichen Unsicherheiten/Ängsten ist es notwendig, offen mit sich zu sein. Nicht immer fällt es leicht, etwas, das einen innerlich zögern lässt, schwarz auf weiß hinzuschreiben. Bitte seien Sie mutig, selbst wenn Sie es vielleicht nicht gewöhnt sind, vor anderen und vor sich selbst auch mal Schwäche zu zeigen oder Unsicherheiten zuzugeben.

Die spontane Entscheidung

Wie würden Sie sich spontan entscheiden – ungeachtet anderer Personen, Gedanken, Konsequenzen?

Meine spontane Entscheidung wäre:

....

....

....

Grund:

....

....

....

Die Meinung anderer

Ich habe für meine aktuelle Entscheidungssituation bereits Input/Meinungen bekommen.

Welche Person/welche Quelle hat welche Meinung:	Meine Gedanken zu dieser Ansicht:
....	....
....	....
....	....

Diese Arbeitsblätter finden Sie auch auf der beiliegenden CD.

Zwischenbilanz!

Sie haben Ihre Bestandsaufnahme komplett durchgeführt? Super! – Nun schwirrt Ihnen vielleicht der Kopf. Darum ist es wichtig, bevor Sie in die nächste Phase des Informationen Sammelns treten, eine Zwischenbilanz zu ziehen: Ihre Erkenntnisse etwas sortieren, alles setzen lassen – weitere Gedanken ergänzen.

Wenn Ihnen die Zeit nicht im Genick sitzt, dann lassen Sie die Sache zunächst einmal ruhen. Beschäftigen Sie sich für mindestens 24 Stunden mit anderen Dingen, beziehungsweise gönnen Sie sich eine schöne Pause und etwas Abwechslung. Noch besser ist es, einige Tage Abstand zu bekommen. Wenn die Zeit drängt, dann schrumpft dieser Aufschub entsprechend zusammen. Vielleicht nutzen Sie die Mittagspause, um sich einen Kaffee zu holen und einige Schlucke in Ruhe zu genießen. Tief durchatmen, Fenster aufreißen, herzhaft strecken.

Nun sehen Sie sich Ihre Aufzeichnungen an. Falls Sie die Fragebögen ausgefüllt haben, nehmen Sie bunte Marker und zeichnen ein, was Ihnen besonders wichtig erscheint. Markieren Sie ähnliche Themen in gleicher Farbe (zum Bearbeiten und Sortieren siehe auch Seite 135). Vielleicht haben Sie sich gleich für eine der vorgestellten Methoden entschieden und sortieren Ihre Aufzeichnungen anhand umgeklebter Haftzettel.

Ziehen Sie nun Ihre persönliche Bilanz: Was hat sich für Sie konkretisiert? Was gibt es an weiteren Aspekten? Wie ging es Ihnen während dieser Überlegungen? Welche Tendenzen zeichnen sich ab? Was hat Sie überrascht? Was beunruhigt Sie? Welche „Fragezeichen“ haben sich ergeben?

Diese Zwischenbilanz ist wichtig, damit Sie strukturiert an allen Aspekten Ihrer Entscheidung weiterarbeiten können. Sie dient aber vor allem zu einer ersten Auswertung Ihrer Erkenntnisse.

„Viele Menschen würden sich leichter entschließen, wenn sie wüssten zu was.“
Aldous Leonard Huxley

2. Informationen sammeln

In der zweitwichtigsten Phase – nach der konkreten Bestandsaufnahme – suchen Sie alle Informationen zusammen, die Sie für Ihre Entscheidung brauchen. Zur Erinnerung: Eine gute Entscheidung

- beruht auf ausführlichen Informationen,
- ist sorgfältig abgewogen,
- steht im Einklang mit Ihren Zielen und
- ist auch gefühlsmäßig „stimmig“.

Durch Ihre Bestandsaufnahme haben Sie Informationslücken ausgemacht und Bereiche identifiziert, in denen noch Fragen oder auch Unsicherheiten bestehen. Dabei geht es um unterschiedliche Arten von Informationen:

- Informationen, die Sie bereits haben beziehungsweise näher hinterfragen möchten (Fakten, Gefühle, Erfahrungen, Ziele ...)
- Infos, Fakten, Erfahrungswissen, Trends, Meinungen von Spezialisten
- Feedback, Meinungen, Know-how anderer

In der Phase des Sammelns von Informationen klären Sie offene Fragen und erschließen sich Quellen für hilfreiche Antworten. Wer informiert ist, weiß außerdem, welche weiteren Fragen wichtig sind und worauf es bei der Fragestellung ankommt, um die richtigen Antworten zu erhalten.

O-Ton Helena: „Ab und zu treffe ich Entscheidungen einfach aus Trägheit und wähle zum Beispiel eine Versicherung, nur weil mir die Werbung zugeschickt wurde und jemand gesagt hat, dass es eine gute Firma ist. Ich ziehe es vor, schnell zu handeln, statt etwas immer wieder auf ‚morgen‘

zu verschieben und dadurch monatelang nichts zu tun. Manchmal geht es in die Hose, und ich habe die falsche Entscheidung getroffen, was hinterher Mehrausgaben bedeutet. Ich versuche daraus zu lernen und das nächste Mal mehr Fakten einzuholen."

Festlegen: Welche Informationen brauche ich?

Um hilfreiche Informationen zusammenzutragen – und das in einer angemessenen Zeit –, ist strukturiertes Vorgehen angesagt. Am besten, Sie erstellen einen Fragenkatalog. Bei sehr komplexen Entscheidungen empfiehlt es sich, die Fragen nach Bereichen zu sortieren. Auf den Seiten 127 ff. lernen Sie einige Werkzeuge und Methoden kennen, die Ihnen das Sammeln von Informationen erleichtern.

O-Ton Jutta: „Ich tue mich furchtbar schwer mit Entscheidungen, bei denen ich denke, noch nicht alle Infos zu haben oder sie noch nicht ausgewertet zu haben (beziehungsweise wo das gar nicht möglich ist). Beispiel: Was ist für mich der beste Versicherungsschutz – Angebote einholen, vergleichen ..."

Der Vorteil, Antworten und Infos nicht nur aufgrund von allgemeinen Stichpunkten einzuholen, liegt darin, dass Sie bereits bei der Formulierung der Fragen verschiedene Teilbereiche ausmachen können. Ein Beispiel: Sie interessieren sich für eine Weiterbildung neben dem Beruf und haben notiert „Anbieter, Aufnahmebedingungen etc. abchecken". Bevor Sie sich nun an die Recherche dieser Informationen machen, ist es sinnvoll, diese Notiz zu konkretisieren. Beim Ausformulieren ergeben sich unter anderem folgende Fragen:

- Welche Anbieter in Berlin bieten Abendkurse in Arbeitspsychologie an?
- Wäre ein Fernkurs eine Alternative?
- Was kostet die Fortbildung?
- Inwiefern ist sie steuerlich absetzbar?
- In welchen Intervallen muss bezahlt werden?

- Welche Aufnahmebedingungen gibt es (Ausbildung, Werdegang, besondere Bewerbungsunterlagen oder Prüfung)?
- Kann ich probeweise Unterlagen erhalten oder Schnupper-Unterricht nehmen?
- Wie sind die Bedingungen, wenn ich die Ausbildung abbrechen oder den Vertrag kündigen möchte?
- Wie anerkannt ist der Abschluss?

Sie sehen, dass sich auf diese Weise schon im Vorfeld eine Liste wichtiger Punkte ergibt, die es zu klären gilt. So können Sie die Fragen im persönlichen Gespräch strukturiert abarbeiten oder per E-Mail verschicken. Außerdem kommen weitere Stichpunkte hinzu – wie beispielsweise die Möglichkeit eines Fernkurses. Diese Variante müsste (wenn sie relevant ist) natürlich noch einmal separat hinterfragt werden – sowohl aus der eigenen Perspektive heraus (Ist es für mich eine echte Alternative? Inwiefern?) als auch, was Anbieter, Ablauf et cetera angeht.

Kriterien festlegen!

Bevor Sie Ihre erste Bestandsaufnahme nun gezielt mit weiteren Überlegungen, Teilentscheidungen und Informationen anreichern, ist es angebracht, wichtige Kriterien festzulegen. Nehmen wir an, Sie haben sich entschieden, in eine größere Wohnung zu ziehen. Sie könnten alles auf sich zukommen lassen und einfach mal schauen, was in der Zeitung oder über einen Makler angeboten wird. Besser ist es jedoch, sich über die Details Gedanken zu machen, auf die Sie bei Ihrer neuen Wohnung Wert legen. Und zwar nicht nur beschränkt auf Grundlegendes wie Stadtteil, Größe der Wohnung und Miete. Wer ins Blaue hinein sucht, vergeudet unter Umständen ganz schön viel Zeit. Oder überredet sich sogar selbst zu einer Wohnung, die wichtige Kriterien nicht erfüllt. Wer dagegen weiß, worauf es ihm ankommt, kann bereits am Telefon klären, ob sich eine Besichtigung überhaupt lohnt. Außerdem fällt das Vergleichen leichter, und damit die Entscheidung, ob man den Vertrag unterzeichnet oder nicht. Vergleichen Sie die folgenden Kriterienlisten:

Kriterienliste A:

- 3-Zimmer-Wohnung
- zirka 70 m^2
- höchstens 800 Euro warm
- München-Stadt
- Balkon wäre gut

Kriterienliste B:

- 3-Zimmer-Wohnung
- zirka 70 m^2
- höchstens 800 Euro warm
- München-Nord, bevorzugt Schwabing
- U-Bahn-Nähe (maximal 10 Gehminuten)
- lieber Parkett als Teppich
- Balkon wäre gut
- Bad muss Fenster haben
- Küche groß genug für Ess-Ecke
- kein Boiler o. Ä.
- ohne Treppenreinigung!

Ich sehe den einen oder anderen Skeptiker unter Ihnen die Augen rollen: Macht man sich die Wohnungssuche damit nicht unnötig schwer? Je konkreter man wird und je mehr „Sonderwünsche" man hat, desto geringer die Auswahl – könnte man meinen. Und natürlich stimmt es, dass spezifische Angaben eine Art Filter setzen. Doch dieser Filter ist wohl überlegt – denn er besteht aus Ihren persönlichen Kriterien.

Was nützt es, sich Wohnungen anzusehen, die nicht in U-Bahn-Nähe liegen, wenn Sie auf eine gute Anbindung an öffentliche Verkehrsmittel angewiesen sind und Ihnen die Bus- und S-Bahn-Verbindungen nicht genügen? Und wenn Sie absolut darauf pochen, dass Ihr Bad ein Fenster hat, dann brauchen Sie sich gar keine Wohnung ansehen, die diese Voraussetzung nicht erfüllt. Umgekehrt erkennen Sie beim Besichtigen einer infrage kommenden Wohnung sehr schnell, ob sie Ihnen entspricht. Sie können bereits vor Ort alle wichtigen Kriterien innerlich abhaken und Ihr Interesse sofort bekunden.

Unterscheiden Sie beim Aufstellen Ihrer Kriterienliste klar zwischen KANN- und MUSS-Kriterien.

Die Muss-Kriterien sind unumstößliche Voraussetzungen, bei denen Sie keine Kompromisse eingehen. Von den Kann-Kriterien lässt sich jedes variabel handhaben: Wäre ganz schön und ein Pluspunkt, wenn es zutrifft, aber kein Problem, wenn nicht.

Ihre Kriterien in Muss- und Kann-Aspekte zu kategorisieren, hilft Ihnen bei allen Entscheidungen. Als Zusatznutzen können Sie damit von vornherein Ihre „Verhandlungsmasse" definieren: Sie wissen also ganz klar, worauf Sie unter Umständen verzichten können. Das hilft auch beim Verhandeln mit sich selbst, besonders wenn Sie mit verschiedenen Alternativen einer Entscheidung hadern.

Checklisten erstellen

Checklisten bieten eine gute Möglichkeit, sich auf Entscheidungen vorzubereiten beziehungsweise sich einen bleibenden Spickzettel zu erstellen. Wählen Sie einen Bereich, zum Beispiel Anschaffungen, und notieren Sie alle Kriterien, die Ihnen generell dazu einfallen. Ein Beispiel:

- Lieferzeit
- Abholung/Lieferung
- Preis
- AGB/Rückgaberecht et cetera
- Service
- kompetente Beratung
- Aussehen (Design, Farbe, Größe ...)
- Garantie
- einfache Bedienung
- Kundendienst/Wartung
- Finanzierung
- Zubehör

Schreiben Sie also alle Stichpunkte auf, die Sie bei einer Anschaffung für wichtig halten. Wenn Ihr Brainstorming beendet ist, sortieren Sie die Liste in sinnvolle Bereiche (z. B. Lieferbedingungen, Service-Leistungen, Produkt-Details). Das können Sie mit allen anderen Entscheidungsbereichen ebenfalls machen, egal ob es um Jobwechsel, Kofferpacken, Umzug oder Existenzgründung geht.

Legen Sie sich für wiederkehrende Anlässe einen Checklisten-Ordner an, den sie in einem Schreibtischfach (oder im Computer) ablegen. Oder erstellen Sie derlei hilfreiche Checklisten mit Freunden oder Kollegen gemeinsam. Im Internet gibt es übrigens auch Sammlungen fertiger Checklisten, zum Beispiel bei www.checkliste.de. – Bitte fertige Checklisten immer genau prüfen und an Ihre Bedürfnisse anpassen.

Die Fragestellung

Fragen haben es in sich. Im vorherigen Kapitel haben wir schon gesehen, wie schnell eine „falsche" Ausgangsfrage völlig am Kernthema vorbeiführen kann. Auf die Informations-Phase trifft das umso mehr zu: Denn sowohl die Fragen, die Sie sich selbst stellen, als auch die, die Sie an andere Personen richten, entscheiden darüber, wie brauchbar die Antworten sind. Angenommen, Sie fragen jemanden in Ihrem Umfeld: „Was meinst du? Soll ich mich selbstständig machen?" Die Frage so zu stellen, birgt zahlreiche Tücken:

- Die Frage ist zu unkonkret. Zunächst wäre wichtig zu wissen, mit welcher Motivation SIE diese Frage stellen: Geht es Ihnen darum, die Thematik angestellt/selbstständig mit ihren Vor- und Nachteilen zu besprechen? Oder wünschen Sie sich eine generelle Einschätzung zu Ihren Unternehmerqualitäten? Geht es darum, dass Sie bereits eine klare Geschäftsidee haben und dafür Feedback benötigen? Interessiert es Sie mehr, wie Ihr Gesprächspartner zu so einem Plan steht? Oder möchten Sie einfach einmal laut aussprechen, dass Sie darüber nachdenken, sich selbstständig zu machen (wenn ja: mit welchem Ziel? Weil Sie frustriert sind, dass Sie keinen Job finden oder weil Sie eine supergute Idee haben etc.).

Sie sehen bereits anhand dieser Fragen, dass Ihre Motive für die Frage wichtig dafür sind, um sie so zu stellen, dass die andere Person sie „richtig“ beantworten kann, ohne über Missverständnisse zu stolpern.

- Bei einer solchen Meinungsfrage bekommen Sie natürlich immer die Sichtweise der anderen Person mit: Je nachdem, worum es geht, fließen ganz persönliche Eigenschaften mit ein. Extrembeispiele wären: die Super-risikofreudige-Augen-zu-und-durch-Person oder die Ich-brauche-soviel-Sicherheit-wie-möglich-Person. Wenn es Ihnen also wirklich nur um die persönliche Meinung geht, berücksichtigen Sie, wer Ihnen die Antwort gibt. Weitere Tipps zum Bewerten fremder Meinungen auf Seite 58.

- Geschlossene Fragen wie diese verlangen eine Ja/Nein-Antwort (oder auch ein „Weiß nicht“). Sie eignen sich wenig dafür, Ihnen konkrete Anhaltspunkte/Informationen zu Ihrer Entscheidung zu liefern, weil sie nicht auf Gründe und Einstellungen abzielen. Am besten ist es, offene Fragen zu formulieren (Inwiefern ..., Warum ..., Unter welchen Umständen ... etc.). Oder, wenn Sie die geschlossene Frage bereits gestellt haben, haken Sie nach: Wie meinst du das genau?

Auch wenn Sie nur „für und mit sich“ an einer Entscheidung/Thematik arbeiten, kann es hilfreich sein, unterschiedliche Fragestellungen auszuprobieren. Es ergeben sich dadurch weitere wichtige Perspektiven und Ideen.

Übrigens: Frage ist nicht gleich Frage. Wolfgang Stoffel listet in seinem Buch *Geschickt fragen* folgende Arten auf: offene Fragen, geschlossene Fragen, Informationsfragen, Alternativfragen, Suggestivfragen, Fangfragen, reflektierende Fragen, rhetorische Fragen, Gegenfragen, Isolationsfragen, motivierende Fragen. Es lohnt sich, wenn Sie sich die verschiedenen Varianten mit ihrem Einfluss auf die Antworten einmal näher ansehen. Das ist nicht nur für den Entscheidungsprozess hilfreich.

Die Bestandsaufnahme sortieren und ergänzen

Informationen, die Sie bereits haben beziehungsweise näher hinterfragen möchten (Fakten, Gefühle, Erfahrungen, Ziele ...)
Viele der gesuchten Antworten können Sie sich selbst geben: Während Sie sich intensiv mit Ihrer Entscheidungssituation befasst haben, sind Aspekte hinzugekommen, die bestimmte Gefühle auslösen und Erfahrungen wachrufen: Alles, was unmittelbar mit Ihnen selbst zu tun hat und was Sie ohne weitere Recherche beantworten können, sollten Sie sich einzeln vornehmen.

Wenn Sie sich die Entscheidung nicht leicht machen, gibt es dafür meist Gründe, die bereits bekannt sind: eine Sorge, was sein könnte; schlechte Erfahrungen von früher; bewusste „blinde Flecken", die man sich nicht so recht anzuschauen wagt. Nehmen Sie sich Zeit und Ruhe, um sich selbst auf die Schliche zu kommen. Es kann helfen, sich dabei mit anderen zu besprechen. Gut ist es, auch hier im Vorfeld wieder mit ganzen Sätzen zu arbeiten, also Ihre Fragen klar zu formulieren (am besten wieder aufschreiben) und den genauen Gründen durch das Vervollständigen von Sätzen auf die Schliche zu kommen (siehe auch Beispiel auf Seite 151). Insbesondere wenn Sie jetzt schon merken, dass Sie an einer Stelle hängen, ist es wichtig, den „eigenen Blockierer" zu finden. Viele Leute blockieren sich selbst, indem Sie sich für nicht entscheidungsfähig halten. Dabei treffen sie natürlich in vielen anderen Lebensbereichen ständig Entscheidungen.

Fragen Sie sich auch, ob etwas schon immer so war oder nicht. Oder ob Sie sich bei anderen Entscheidungen/mit anderen Personen leichter tun, und warum das so ist. Es kann sein, dass Sie in einer bestimmten Umgebung/Gesellschaft weniger entscheidungsfreudig sind – oder selbstbewusster! – als im Beisein anderer Personen.

Infos, Fakten, Erfahrungswissen, Trends, Meinungen von Spezialisten
Bei Fachfragen et cetera gibt es den guten Tipp: Zur Quelle gehen. Jeder von uns hat Freunde, Kollegen, Bekannte, Familienmitglieder, die man

schon mal fragt „Weißt du eigentlich, wie das und das ist?“ oder auch um eine persönliche Ansicht bittet. Und das ist gut so. Allerdings empfiehlt es sich in bestimmten Fällen, gezielt kompetente Leute anzusprechen. Wenn ich beispielsweise überlege, in eine andere Branche zu wechseln, mich aber als Quereinsteiger nicht so sicher fühle, dann nützt es wenig, meine (branchenfremde) Mutter zu fragen, wie sie meine Chancen einschätzt. Hier bin ich besser beraten, Leute zu kontaktieren, die in der angestrebten Branche tätig sind und sich auskennen. Also frage ich etwa beim Branchenverband wegen näherer Informationen und Kontakte, informiere mich in Fachzeitschriften über die allgemeine Situation oder erkundige mich testweise bei einigen potenziellen Arbeitgebern. Bitte verstehen Sie mich richtig: Natürlich kann auch die Idee der Mutter hilfreich sein – es ist in der Informations-Phase jedoch wichtig, sich Folgendes zu überlegen:

- Welches ist die beste Quelle, um für diese Frage verlässliche Fakten zu erfahren?
- Was ist eine gute Anlaufstelle, um eine Meinung einzuholen, ein gemeinsames Brainstorming zu machen oder sich Input dafür zu holen, in welcher Hinsicht man weiter recherchieren kann?

Berücksichtigen Sie beim Bewerten der Informationen bitte auch, wer welche Antwort gibt. Ist die befragte Person in irgendeiner Form voreingenommen, bezieht sie einen einseitigen Standpunkt? Warum? Ist sie zu positiv oder zu negativ eingestellt? Verlassen Sie sich idealerweise auch nie auf eine einzige Informationsquelle. Sie profitieren von verschiedenen Antworten.

Feedback/Meinungen/Know-how anderer

Sich um Feedback oder das Know-how anderer zu bemühen ist durchaus hilfreich (siehe auch Seite 53) – besonders von Personen, die unmittelbar von der Entscheidung betroffen sind. Dazu ist es wichtig, dass jeder seine eigene Bestandsaufnahme, seine eigene Meinung, seine Wünsche, Bedürfnisse und Ziele hat. Dann fällt die gemeinsame Entscheidung nicht nur leichter, sondern alle Beteiligten stehen auch dahinter. Schwierig wird es jedoch, wenn sich eine Person nicht äußert.

... Beispiel: Eine Familie überlegt, vom Süden Deutschlands in den Norden zu ziehen, weil die Ehefrau ein interessantes berufliches Angebot bekommen hat. Ihr Mann überlässt die Entscheidung seiner Ehefrau: Wie auch immer du dich entscheidest, ich bin dabei. Das macht die Sache doppelt schwierig für die Ehefrau, denn plötzlich liegt die volle Verantwortung für die „richtige" Entscheidung bei ihr – und damit auch die Last möglicher unguter Konsequenzen (Was ist, wenn es uns dort nicht gefällt? Wenn mein Mann keine Arbeit findet? Wenn die Lebenshaltungskosten viel höher sind als jetzt und wir dann nur noch mein Einkommen haben? Wenn es den Kindern nicht gefällt? und und und). Im Verlauf des sich dahinschleppenden Entscheidungsprozesses stellt sich schnell heraus, dass der Ehemann natürlich ebenfalls bestimmte Wünsche und Bedenken hat. Er möchte jedoch seine Frau auf jeden Fall unterstützen und hält sich deshalb selbst im Hintergrund.

Alle von einer Entscheidung unmittelbar betroffenen Personen sollten klar Stellung beziehen und aktiv mitentscheiden. Das geht am besten, wenn vor dem gemeinsamen Beratschlagen jeder für sich selbst eine eigene Bestandsaufnahme macht: Was sind meine Wünsche und Bedürfnisse, was meine Hoffnungen und Bedenken? Auf welche Kriterien lege ich großen Wert, wo habe ich meine Kann-Kriterien – und mit welchen Dingen bin ich grundsätzlich einverstanden?

Informationsquellen

Für Ihre Recherche nach wichtigen Antworten und Infos können Sie verschiedene Wege nutzen. An Leute, die Sie persönlich kennen, oder an Firmen, Organisationen, Personen, deren Adresse Sie aus dem Internet, aus dem Telefonbuch oder über einen Bekannten (ihr persönliches „Netzwerk") bekommen haben, wenden Sie sich zum Beispiel per Telefon, E-Mail oder Brief. Außerdem können Sie Folgendes versuchen:

- Fragebögen einsetzen (z. B. um Ihre Bekannten um Feedback über Sie zu bitten),
- Schnuppertage mitmachen (z. B. um eine Tätigkeit näher kennen zu lernen),

- fachliche Beratung erbitten (z. B. in einem Laden).

Ich weise extra darauf hin, weil ich im Berufsalltag immer wieder feststelle, dass sich Leute nur auf offensichtliche Informationsquellen stürzen: „Kenne ich jemanden, der xy weiß? Nein: Pech gehabt." Anstatt zum Hörer zu greifen und jemanden anzurufen, der die Antwort wissen könnte – auch wenn es jemand ist, den man noch nicht kennt.

O-Ton Sabine: „Bei größeren Entscheidungen spreche ich mit anderen, die schon mal eine ähnliche Entscheidung zu treffen hatten."

... Beispiel: Sie interessieren sich dafür, als Rechtsanwaltssekretärin zu arbeiten, wissen aber nicht, wie die Arbeit dort genau aussieht und ob man ohne einschlägige Ausbildung in einer Kanzlei mitarbeiten kann. Warum nicht das Branchen-Telefonbuch aufschlagen, eine Kanzlei anrufen und die Person am anderen Ende der Leitung freundlich bitten, ein paar Fragen zu beantworten?

Mit derlei Aktionen bekommen Sie nicht nur wertvolle Informationen für Ihre Entscheidung, sondern Sie trainieren auch gleich Ihre Kontaktfähigkeit und Ihr Selbstbewusstsein.

O-Ton Helena: „Wenn ich was Teures kaufen soll, fange ich an Informationen zu sammeln. Ich erkundige mich vor allem bei Leuten, die ich kenne, suche aber auch selbst nach Information, zum Beispiel im Internet. Vor allem vertraue ich Personen, die sich auskennen, weil es viel einfacher ist und ich oft nicht so großes Interesse habe, mich stunden- oder tagelang mit Fakten auseinander zu setzen. Ich mache auch die Runde in verschiedenen Geschäften, um Preise zu vergleichen. Obwohl ein Produkt, wie zum Beispiel ein Kühlschrank, mir gefühlsmäßig ziemlich egal ist, gehe ich nach Fakten, Preis und zum Schluss doch nach meinem Gefühl. Ich wähle daher ab und zu etwas mit einem höheren Preis. Ist es ein Produkt, das auch vom Aussehen her wichtig ist, beruht die Entscheidung auf einer Kombination von Fakten, Preis und vor allem meinem Gefühl."

Weitere gute Info-Quellen sind:

Fachzeitschriften

Ob es um berufliche Fragen geht, um Wirtschaftstrends oder spezielle Brancheninfos – für jeden Bereich gibt es Fachzeitschriften, die ein wahrer Schatz an einschlägigen Informationen sind. Eine breite Palette von Fachzeitschriften findet man in Zeitschriftenläden am Bahnhof oder am Flughafen. Oder Sie recherchieren im Internet. Auch Bibliotheken bieten oft eine große Auswahl an Fachzeitschriften im Lesesaal.

Wenn Sie nicht wissen, welche Fachzeitschrift für einen bestimmten Bereich relevant ist, rufen Sie einfach die Marketingabteilung einer Firma aus diesem Bereich an und fragen Sie dort nach.

In Bezug auf Anschaffungen sind auch Verbraucherzeitschriften wie „Öko-Test" oder „Stiftung Warentest" sehr hilfreich oder Fachmagazine, die Geräte oder Ausstattung testen (Computer, Audio-Zubehör, Sportbekleidung etc.).

Firmen

Eine Firma direkt anzusprechen spart meist sehr viel Zeit bei der Recherche. Auf diesem Weg können Sie Informationen zu Branchenfragen und beruflichen Chancen, aber auch Produktinfos und Beratung durch einen Hersteller oder seinen Vertrieb bekommen. Angenommen, Sie haben sich entschieden, einen CD-Wechsler zu kaufen, und bevorzugen eine bestimmte Marke, weil sie mit dieser so gute Erfahrungen gemacht haben. Nun wissen Sie nicht, ob es von dieser Marke einen CD-Wechsler gibt, der zu Ihren Wunschkriterien passt: Wenden Sie sich direkt an den Hersteller und fragen Sie nach. Und wenn die Antwort positiv ausfällt, fragen Sie gleich weiter, welcher Händler an Ihrem Wohnort das Gerät verkauft.

Verbände und Organisationen

Interessenverbände, offizielle „Profi"-Organisationen oder aber einfach Leute mit einem gemeinsamen Hobby sind ebenfalls eine gute Quelle für Antworten und weitere Informationen. Am komfortabelsten findet man entsprechende Adressen über das Internet, eventuell auch im Telefonbuch.

Eine andere Möglichkeit ist es, sich passende Veranstaltungen herauszusuchen, auf der Interessierte und Fachleute zusammentreffen. Beispielsweise planen Sie, sich mit einer Surfschule selbstständig zu machen. Nun möchten Sie gern mit Leuten sprechen, die das bereits gewagt haben. Ein Verband oder eine Veranstaltung, auf der sich solche Leute tummeln, ist ideal als Ausgangsbasis für Ihre Fragen.

Fachbücher, Bibliotheken

Ratgeber, Lexika, Adressbücher ... All das kann eine sehr große Hilfe sein, wenn Sie Informationen brauchen oder sich auf einem bestimmten Gebiet weiterbilden wollen. Was Sie in Ihrer Buchhandlung nicht finden oder nicht selbst erwerben möchten, bekommen Sie vielleicht in Bibliotheken. Im Internet kann man sich auch anhand der Empfehlungen anderer Leser darüber informieren, welche Bücher den Kauf lohnen. Und sie oft auch gebraucht zu einem günstigeren Preis erwerben.

Das Internet

Wie bereits betont: Das Internet ist eine wertvolle Quelle für Informationen und Anlaufstellen buchstäblich jeder Art – und das weltweit! Natürlich gilt es, etwas Übung in der Recherche zu bekommen (bzw. sich die Recherchetipps von Suchmaschinen durchzulesen), damit man nicht von zu vielen Suchergebnissen erschlagen wird. Eine der komfortabelsten Funktionen ist es jedoch, auf andere Meinungen und Empfehlungen direkt zugreifen zu können.

... Beispiel: Sie haben sich entschieden, endlich einen eigenen Computer anzuschaffen. Weil Sie sich nicht auskennen, suchen Sie im Internet nach aktuellen Testberichten und Empfehlungen. Oder Sie besuchen eine der zahlreichen Meinungs-Seiten (z. B. dooyoo.com, ciao.com), bei denen „ganz normale Leute" ihre persönliche Meinung (Empfehlungen oder Kritikpunkte) zu allen möglichen Dingen kundtun – Haushaltsgeräte, Bücher, Autos und und und. Auch interaktive Foren sind eine hilfreiche Informationsquelle. Es gibt sie für gemeinsame Interessen, bestimmte Wissensgebiete oder auch ganz universelle Themen. Ein gutes Beispiel für so ein Forum stellt www.wer-weiss-was.de dar. Diese Seite dient speziell dazu, Antworten aus allen Gebieten untereinander zu beantworten und Tipps zu geben.

Zwischenbilanz!

Nach Ihrer Recherche heißt es nun erneut: Zwischenbilanz ziehen. Gehen Sie in Ruhe Ihren Fragenkatalog durch:

- Haben Sie alle Antworten bekommen, die Sie brauchten?
- Wo sind Sie weitergekommen?
- Was hat sich in den unterschiedlichen Aspekten Ihrer Entscheidung getan?
- Wo sehen Sie klarer? Inwiefern?
- Wo sind Sie noch im Unklaren? Inwiefern?
- Welche Erkenntnisse haben Sie bisher gewonnen?

Sorgen Sie dafür, dass sich die Informationen erst mal wieder „setzen“ können.

Stellt sich heraus, dass noch Informationen fehlen – oder dass sich durch die Antworten ein paar neue Fragen ergeben haben –, dann decken Sie die restlichen Bereiche ab und recherchieren noch einmal beziehungsweise holen weitere Meinungen ein.

„Wege entstehen dadurch, dass man sie geht.“
Franz Kafka

3. Hilfreiche Werkzeuge und Methoden

Es gibt einige gängige Methoden, die Ihnen dabei helfen können, Ihre Situation genauer „aufzudröseln“, die unterschiedlichen Aspekte klar zu trennen sowie neue Gedanken und Lösungen zutage zu fördern. So erhalten Sie einen guten Überblick, der Ihnen hilft, eine informierte Entscheidung zu treffen. Auf den Folgeseiten lernen Sie ausführlich kennen:

- Brainstorming
- Mind Map®
- Pro-und-Contra-Liste
- Haftzettel-Methode
- Gegenteil-Methode
- Was will ich nicht?
- Sechs-Hüte-Methode
- Schwarzsehen
- Darüber sprechen
- Gute Fee
- Garantie

Nichts zensieren! Blockieren Sie Ihren Gedankenfluss und mögliche Lösungen nicht dadurch, dass Sie sich selbst zensieren. Sehr viele Ideen werden buchstäblich im Keim erstickt, weil man sie nicht weiterentwickelt.

Eventuelle Hindernisse oder Befürchtungen – tatsächlicher oder angenommener Natur – führen häufig dazu, dass man Einfälle von Haus aus verwirft: zu teuer, nicht machbar, keine Zeit, fixe Idee, zu umständlich, wird nicht angenommen et cetera. Nehmen Sie solche Hindernisse und Befürchtungen ernst. Notieren Sie sie separat und kommen Sie zu einem späteren Zeitpunkt darauf zurück.

Brainstorming

In der Regel wird Brainstorming mit mehreren Leuten durchgeführt. Wenn Sie mit sich allein „brainstormen" wollen, eignet sich dafür sehr gut die Form des Mind Mapping (siehe Seite 129). Ob bei beruflichen oder privaten Entscheidungen, manchmal ist es gut, gezielt Ideen, Gedanken und Meinungen anderer einzuholen. Je nachdem, worum es geht, kann sich ein Brainstorming sehr gut dafür eignen – zu dritt im Freundeskreis brainstormen, was für oder gegen einen Ortswechsel spricht, oder zu zehnt in der Firma überlegen, wie das neue Kundenbindungsprogramm aussehen könnte: Die Einsatzmöglichkeiten sind vielfältig.

So geht's:

- Sie brauchen Papier, einen dicken Stift und eine Eieruhr oder einen Wecker. Ideal ist ein Flipchart. Alternativ können Sie einen großen Bogen Packpapier an Wand oder Türe befestigen. So kann jeder die bisherigen Ideen sehen und sich weiter inspirieren lassen. Tipp: Benutzen Sie als Klebeband Malerkrepp, das geht rückstandsfrei wieder ab. Und testen Sie vorher, ob Ihr Stift nicht auf die Wand durchdrückt.
- Die Person, die aufschreibt, sollte schnell, deutlich und groß genug schreiben.
- Es ist sinnvoll, einen Zeitrahmen festzulegen: Etwa 15 bis 30 Minuten reichen vollkommen aus. Ergänzungen und weitere Ideen sind im Nachhinein ja jederzeit noch möglich.
- Jeder darf alles sagen. Alles ist willkommen und wird schriftlich festgehalten. Das Ziel ist: Quantität vor Qualität.
- Auch „Unsinn" oder absurd erscheinende Ideen sind erwünscht.
- Keine Kritik! Killerphrasen sind absolut verboten – so auch jede Bewertung oder weiterführende Diskussion zu genannten Ideen.
- Ziel des Brainstormings sind das Sammeln von Ideen und Assoziationen: Deshalb ist es ausdrücklich erwünscht, Einfälle anderer aufzunehmen und weiterzuentwickeln.

Mind Map®

Per Mind Mapping fördern Sie Ihre Assoziationen und strukturieren gleichzeitig bereits Ihre Gedanken.

So geht's:

- Nehmen Sie sich ein möglichst großes Blatt Papier. Sehr gut sind großformatige Zeichenblöcke (DIN A2 oder A1).
- In die Mitte schreiben Sie, worum es geht.
- Von dieser Ausgangslage beginnen Sie nun mit dem ersten Stichwort, das Ihnen zu diesem Thema einfällt, von dort verästeln Sie die zugehörigen weiteren Gedanken.
- Beginnen Sie immer einen neuen Ast, wenn Sie einen neuen Aspekt der Entscheidung andenken. Passt ein neuer Einfall zu einem vorhandenen Strang, fügen Sie ihn dort bei.
- Auch für das Mind Mapping gilt: offen sein für alles, was kommt. Denken Sie nicht gleich in die Tiefe, sondern bleiben Sie zunächst spontan, und lassen Sie erst mal alles raus, was Ihnen im Kopf herumgeht. Zensieren Sie bitte nichts!

Wie Sie an dem Beispiel-Bild sehen, machen Sie Ihre Gedanken nicht nur sichtbar, sondern schaffen bereits eine wunderbare Grundlage dafür, strukturiert an Ihrer Entscheidung weiterzuarbeiten. Allein das Aufschreiben zeigt häufig bereits wichtige Themen und Vorgehensweisen auf. Es gibt mittlerweile Computerprogramme, mit denen man Mind Maps erstellen kann. Meiner Erfahrung nach ist es in der Vorbereitungsphase am besten, mit Papier und Stift zu arbeiten. Das macht Sie nicht nur unabhängiger (vielleicht möchten Sie Ihr Mind Map im Café machen), Sie können auch jederzeit daran weiterarbeiten. Außerdem verspüren viele Menschen am Computer einen gewissen Erfolgsdruck: Sie wollen „druckreif" schreiben, kümmern sich mehr um Programm und Layout, anstatt sich ganz auf den Gedankenfluss zu konzentrieren. Außerdem hat Handarbeit auch einen anderen kreativen Einfluss als Tastatur und Maus.

Beispiel für eine Mind Map

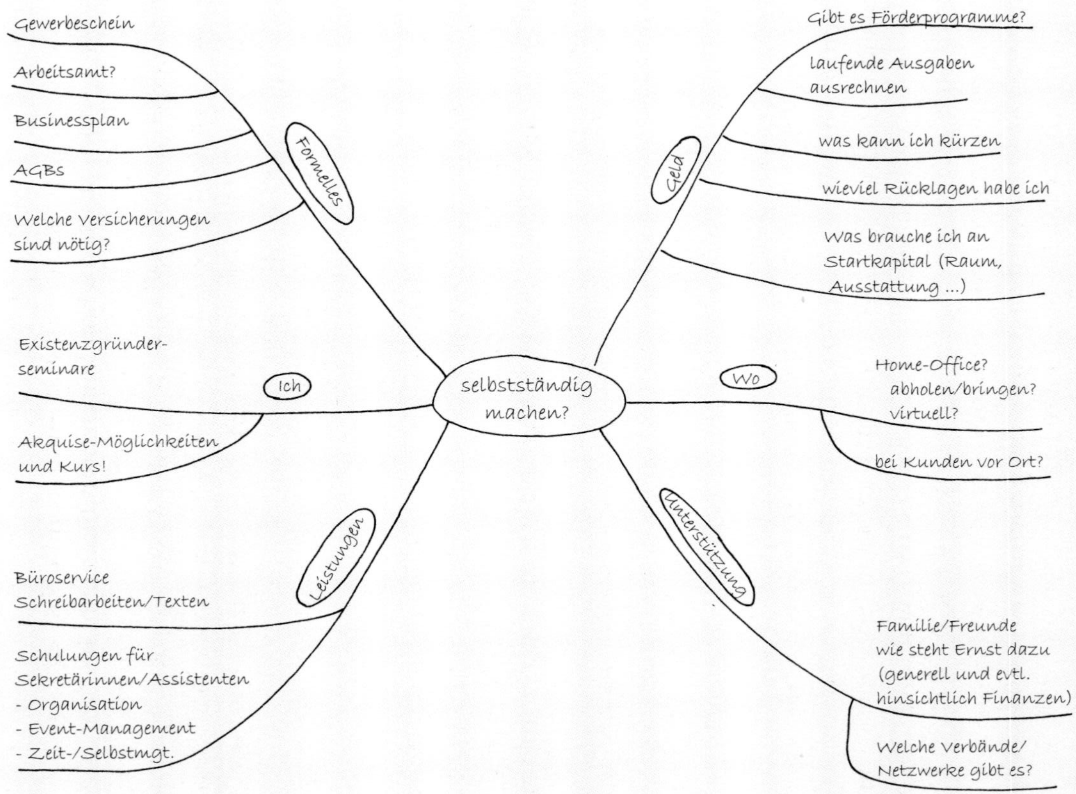

Pro-und-Contra-Liste

Die Auflistung von Pro und Contra ist weit verbreitet. Doch diese simple Methode hat es ganz schön in sich, wenn man sich damit nicht selbst hinters Licht führen möchte. Eine Pro-und-Contra-Liste ergibt erst dann einen Sinn, wenn Sie sich schon konkret mit Ihrer Entscheidung auseinander gesetzt haben. Eine spontane Liste über eine Situation, die Sie noch nicht strukturiert durchdacht haben, bringt nichts. Ein klassischer Fehler ist es auch, Kriterien unsortiert bei Plus oder Minus einzuordnen: Abgesehen davon, dass sie so nicht vergleichbar sind, kann allein die Formulierung das Vorzeichen verändern.

So geht's:

- Ideal ist wieder ein großformatiges Blatt Papier, mindestens DIN A4.
- Zwei Spalten: eine Pro, eine Contra. Ist die Entscheidung komplexer und gehen Ihnen viele Dinge durch den Kopf, dann schreiben Sie ruhig erst mal spontan bei Plus und Minus, was Ihnen in den Sinn kommt.
- Damit Ihre Liste zu einem hilfreichen Entscheidungswerkzeug für Sie wird, ist es nun wichtig, zu sortieren und die Kriterien festzulegen, die Sie bewerten möchten (siehe das Beispiel auf Seite 133).
- Entscheiden Sie sich für eine Bewertungsskala. Empfehlenswert ist maximal 0 bis 5, es reicht aber natürlich auch 0 bis 3. Der höchste Wert bedeutet, dass dieses Kriterium voll erfüllt ist; niedrigere Werte sagen aus, dass Ihr Kriterium weniger oder gar nicht erfüllt ist.
- Sie sollten sich vorher darüber klar werden, an welchen Kriterien Ihnen besonders viel liegt. So können Sie von Haus aus richtig gewichten und den Aspekten, die Ihnen am wichtigsten sind, mehr Wert zuweisen (Spalte „Faktor“, siehe Seite 133).
- Am Ende rechnen Sie beide Spalten zusammen. Nun können Sie ablesen, welche Seite rein rechnerisch überwiegt.

So eine Liste ist nicht nur ein gutes Entscheidungswerkzeug, sondern hilft Ihnen auch dabei, Ihre Entscheidung zu begründen. Bei der Darstellung der Liste können Sie systematisch vorgehen oder spontan.

Nicht hilfreich: spontane Aufzählung von „Gründen"

Hier haben wir das Beispiel, sich zwischen zwei Jobs zu entscheiden: entweder Team-Assistentin in einer Versicherung zu werden oder als Sekretärin in einer Unternehmensberatung anzufangen.

Team-Assistentin Versicherung	
+	-
• vielseitige Stelle • guter „Name" für künftige Bewerbungen • kurzer Arbeitsweg • Gehalt sehr gut • Gleitzeit • mehr Freizeit • kann Sprachen anwenden	• vielleicht zu viel Routine • Konzern • Großraum

Sekretärin Unternehmensberatung	
+	-
• eigenverantwortlich arbeiten • Karriere innerhalb Firma möglich, evtl. auch in Beratung • Gehalt ok • Einzelbüro	• zu große Verantwortung? • für drei Chefs zuständig • Dreiviertelstunde Arbeitsweg • oft Überstunden • keine Sprachen nötig

Man sieht sofort, dass diese Form des spontanen Auflistens nicht besonders hilfreich ist: Es fehlt die Struktur und damit die Vergleichbarkeit. Hilfreich ist es daher, vorher Kriterien festzulegen und diese entsprechend zu gewichten. Auf der Folgeseite wird klar, dass die Stelle als Sekretärin in der Unternehmensberatung die eigenen Kriterien besser erfüllt.

Hilfreich: systematische Vorgehensweise

Team-Assistentin Versicherung			
		Faktor	
vielseitige Stelle	4	x 2	8
eigenverantwortlich	3	x 2	6
Gehalt	5		5
Chef (Anzahl)	5		5
kurzer Arbeitsweg	4		4
moderner Arbeitsplatz	5	x 2	10
Arbeitszeit	5		5
Karriereperspektiven	1	x 2	2
Sprachen	5	x 2	10
Einzelbüro	0	x 3	0
			55

Sekretärin Unternehmensberatung			
		Faktor	
vielseitige Stelle	5	x 2	10
eigenverantwortlich	5	x 2	10
Gehalt	4		4
Chef (Anzahl)	3		3
kurzer Arbeitsweg	2		2
moderner Arbeitsplatz	3	x 2	6
Arbeitszeit	3		3
Karriereperspektiven	5	x 2	10
Sprachen	0	x 3	0
Einzelbüro	5	x 3	15
			63

Haftzettel-Methode

Dies ist noch eine Variante des Brainstormings mit sich selbst: das Prinzip Liste schreiben. Doch statt alles untereinander auf ein einziges Blatt Papier zu notieren, schreiben Sie einfach alles, was Ihnen in den Sinn kommt, auf Haftzettel.

So geht's:

Der erste Schritt:

- Besorgen Sie sich ein paar Blöcke Haftzettel (großformatig!).
- Sie können auf einem großen Tisch oder auf dem Boden arbeiten. Besser eignet sich jedoch gleich eine Wand. Haftzettel lassen sich zum Beispiel gut an Türen anbringen. Noch besser ist ein beschreibbarer Untergrund: Befestigen Sie also am besten einen großen Karton oder Packpapier mit Malerkrepp an einer Wand, und kleben Sie Ihre Einfälle dort auf (oder bringen Sie sie nachträglich an).
- Ein dunkler Filzstift ist zu empfehlen, weil auch auf die Ferne gut lesbar. Bitte nicht zu klein schreiben (darum sind größerformatige Zettel wichtig).
- Schreiben Sie nun alles auf, was Ihnen einfällt. Achten Sie darauf, dass der Zettel eindeutig beschriftet wird. Einzelne Stichwörter führen leider oft dazu, dass man hinterher nicht mehr genau weiß, was damit gemeint war.
- Probieren Sie aus, ob Sie besser damit arbeiten, alles wild durcheinander aufzuschreiben, oder ob es Ihnen gut tut, von vornherein Kategorien/Überschriften zu definieren, die Ihre Gedanken lenken. So könnte jemand, der sich selbstständig machen möchte, die Bereiche „Finanzen“, „Leistungen“, „Rechtliches“, „Freizeit“ et cetera definieren und so seine Gedanken auf Kurs bringen. Derlei Kategorien sollen jedoch kein festes Korsett darstellen. Das Sortieren und Auswerten Ihrer Liste passiert erst im zweiten Schritt.

Arbeiten Sie mehrere Tage an Ihren Einfällen. Lassen Sie das Ganze auch mal ein, zwei Tage ruhen, und ergänzen Sie dann weiter.

Als Alternative eignen sich auch farbige Moderationskarten (gibt es im Schreibwarenhandel). Wenn Sie unterschiedliche Farben benutzen, können Sie einen Farbcode nutzen: also etwa rotes Papier für mögliche Hindernisse, gelbes Papier für Ideen, weißes Papier für Fragen/fehlende Informationen. Der Vorteil, Einzelblätter zu benutzen, liegt darin, dass Sie diese beliebig sortieren können und komfortabel damit weiterarbeiten können.

Der zweite Schritt:

- Erst wenn Sie so weit fertig sind und Ihnen nichts mehr einfällt, geht es ans Sortieren und Strukturieren. Falls Sie noch nicht von vornherein mit unterschiedlichen Farben gearbeitet haben, nehmen Sie nun bitte farbige Marker zur Hand.
- Geben Sie den einzelnen Farben eine sinnvolle Bedeutung, zum Beispiel:
  - Idee
  - Maßnahme
  - Hindernis
  - hat nicht unmittelbar etwas mit der Entscheidung zu tun, möchte ich aber getrennt weiterverfolgen
  - Fragezeichen: also fehlende Information/noch etwas abzuklären

  Gehen Sie Ihre Zettel durch und markieren Sie sie dabei in der passenden Kategorie.
- Während des Sortierens werden Ihnen weitere Ideen, Ansichten oder „Fragezeichen“ kommen: Ergänzen Sie diese.

In der Regel wird durch diese ausführliche Auseinandersetzung mit allen Aspekten Ihrer Entscheidung schon eine Tendenz klar – manchmal zeigt sich auch bereits die Lösung.

Gegenteil-Methode

Die Gegenteil-Methode nutzt Ihnen in verschiedenen Phasen der Entscheidungsfindung: sowohl zu Beginn, wenn Sie die Frage genau definieren (siehe Seite 118), als auch später, wenn es um die nächsten Schritte/die Umsetzung geht. Das Prinzip ist einfach: Manchmal weiß man nicht, was man will, oder findet einfach keinen Anfang, sich mit der Entscheidung auseinander zu setzen. Oder man sucht Pro-Argumente für eine Sache, es fallen einem aber immer nur Contras ein. Diese Methode trägt oft dazu bei, dass „Knoten platzen“: Wer zum Beispiel eine Tendenz hat, nur Positives zu sehen, oder stets in Geht-nicht-Kategorien denkt, der wird mit dieser Technik seiner Vorgehensweise gerecht – und kann anschließend das Gegengewicht setzen.

So geht's:

- Sie drehen Ihre Entscheidungsfrage einfach um.
  Beispiel: Angenommen, Sie überlegen sich, ob Sie ein Jahr Auszeit vom Beruf nehmen können. Es fallen Ihnen aber nur lauter Argumente dagegen ein: Dann fahren Sie einfach damit fort – notieren Sie alles, was DAGEGEN spricht.
- Wenn Sie fertig sind mit dem Sammeln, drehen Sie die Ideen wieder um und filtern die brauchbaren Ideen raus.
- Das hilft Ihnen dreifach:
  1. Sie können später – beim Abwägen und Sortieren – auch auf mögliche Hindernisse achten.
  2. Wenn andere Personen mitbetroffen sind, haben Sie eventuelle Bedenken bereits vorweggenommen und können sich darauf vorbereiten.
  3. Gerade wenn Sie selbst skeptisch gegenüber dem eigenen Vorhaben sind oder nicht wirklich Chancen sehen, bringen Sie Ihre Gedanken auf Trab: Anti-Gründe finden sich oft leichter.

Probieren Sie es aus – abgesehen davon, dass es Spaß macht, eine Frage oder ein Problem genau andersherum anzugehen, werden Sie sehen, dass diese umgekehrte Sichtweise erstaunlichen Antrieb und Ideenreichtum bietet.

Was will ich nicht?

Viele Menschen werden angesichts dieser hilfreichen Methode aufatmen, denn die Klage darüber, zwar zu wissen, was man nicht will, aber eben nicht, was man tatsächlich möchte, ist weit verbreitet. Zu wissen, was Sie auf keinen Fall wollen, ist sehr wichtig. Denn nur wenn Sie sich dies klar vor Augen führen – und vor allen Dingen konkretisieren –, können Sie sich so entscheiden, dass Sie ungeliebte Konsequenzen vermeiden. Außerdem wirkt das „Was nicht" als wertvoller Filter, um Ihre Entscheidung klarer zu umreißen und sich zum „Was will ich denn dann?" vorzutasten.

So geht's:

- Sie notieren alles, was Sie nicht wollen. Die Haftzettel-Methode (Seite 134) eignet sich dafür besonders gut.
- Nun ist es mit der Aufzählung allein natürlich nicht getan. Im zweiten Schritt ist es wichtig, dass Sie konkretisieren:
  - Was meine ich damit?
  - Wie stelle ich mir das genau vor?
  - Warum möchte ich es nicht?
- Erst durch das genaue Hinterfragen und Konkretisieren setzen Sie einen hilfreichen Filter und kommen mit Ihrer Entscheidung weiter.

So zeigen sich häufig vorgeschobene Gründe oder auch Spekulationen. Ein grob umrissenes Beispiel: Sie möchten den Job wechseln. Sie wissen nicht genau, was Sie tun möchten, aber Sie wissen, dass Sie auf keinen Fall in den Vertrieb gehen möchten. Beim Hinterfragen stellt sich heraus, dass Sie damit Akquise meinen. Dass Sie sich unter Vertrieb den Job eines aufdringlichen und „verachteten" Klinkenputzers vorstellen. Und dass Sie das nicht erstrebenswert finden, weil Sie mangelnde Anerkennung befürchten und sich auch nicht für einen talentierten Verkäufer halten. Es wäre fatal, aufgrund solcher Spekulationen einen Geschäftszweig, der viele unterschiedliche Tätigkeitsbereiche bietet, völlig außen vor zu lassen.

Sechs-Hüte-Methode

Dies ist eine gute Methode, um Abstand zur Entscheidungssituation zu bekommen und verschiedene Standpunkte/Facetten zu berücksichtigen. Besonders hilfreich, wenn man oft einseitig denkt (nur positiv oder nur negativ, zu konservativ et cetera) oder das Gefühl hat, nicht analytisch genug vorzugehen.

So geht's:

- Man besorgt sich sechs verschiedenfarbige „Hüte" oder Symbole (beispielsweise auch Spielfiguren von „Mensch ärgere dich nicht" o. Ä.).
- Jeder Farbe ist eine bestimmte feste Sichtweise zugeordnet:
  - weißer Hut:
    Neutralität/Objektivität – in Daten und Fakten denken
  - roter Hut:
    emotionale, subjektive Haltung
  - schwarzer Hut:
    negatives Denken
  - gelber Hut:
    positives Denken
  - blauer Hut:
    Kontrolle und Organisation des Denkprozesses
  - grüner Hut
    neue Ideen und Lösungsvorschläge
- Wenn jemand den roten Hut aufsetzt, vertritt er die rein emotionale Sichtweise („mir macht das Angst, weil ...", „das ist Schwachsinn, weil ..."). Wer das gelbe Symbol hat, sieht nur positive Aspekte. Auf diese Art schlüpfen die Teilnehmer in unterschiedliche Rollen und bekommen eine ganzheitliche Betrachtungsweise. Diese Methode können Sie gemeinsam mit anderen Leuten durchführen – oder auch allein! Dann heißt es nur, ebenfalls die Disziplin zu wahren und sich an die jeweilige „Denklinie" der entsprechenden Hutfarbe zu halten.

Schwarzsehen

Auch mal eine Entscheidung nur aus der Schwarzseher-Warte zu betrachten ist sehr hilfreich. Die Sorge, dass man sich falsch entscheidet und mit negativen Konsequenzen oder ungutem Feedback zu rechnen hat, wirkt oft sehr belastend und blockiert völlig, sich mit der Entscheidung überhaupt richtig auseinander zu setzen. Also nutzen Sie Ihre Sorgen und Ängste!

So geht's:

- Sie geben sich die Erlaubnis, mal ganz offen alle negativen Gedanken, Sorgen und Ängste zu Papier zu bringen. Es geht nicht um Positives, es geht nicht um Lösungen oder eine gesunde Einstellung oder realistische Sichtweise et cetera. Es geht darum, völlig einseitig alles, was Sie schwarz sehen, ernst zu nehmen und rauszulassen.
- Wenn Sie mit allem fertig sind, dann bemühen Sie sich, noch mehr schreckliche und unschöne Möglichkeiten zu finden. Was könnte noch schief laufen oder an unerfreulichen Konsequenzen auf Sie zukommen?
- Überzeichnen Sie ruhig. Bemühen Sie sich, extrem ungute Aspekte/Konsequenzen zu finden. Fällt Ihnen absolut überzogener Unsinn ein? Wunderbar: auch hinschreiben.

Der Sinn dieser Methode ist vielseitig:

1. Wenn man sich mit seinen Ängsten und negativen Gedanken konfrontiert, geht es einem oft schon etwas besser.
2. Nur wenn man konkretisiert, was einen blockiert oder ängstigt, kann man mit diesen Annahmen/Befürchtungen weiterarbeiten: Lösungen oder Ansatzpunkte dafür finden, was man braucht, um sich besser und selbstsicherer zu fühlen.
3. Durch das Zulassen von Übertreibungen oder absurden Ideen kurbeln Sie nicht nur Ihr Gehirn weiter an und erweitern Ihren Horizont (Sie werden offener im Kopf), sondern Sie nehmen auch Druck raus, wenn Sie Humor zulassen. Das entspannt, und entspannter trifft man bessere Entscheidungen.

Darüber sprechen

Mit anderen zu sprechen hilft nicht nur beim Sammeln von Meinungen und Ideen (siehe auch Seite 121), sondern es hat einen weiteren wichtigen Zweck: Durch das Schildern der Entscheidungssituation und durch das mündliche Erzählen geht einem oft selbst bereits ein Licht auf.

Wichtig ist:

- Es kommt nicht darauf an, dass die Person, mit der Sie sprechen, etwas beitragen kann. Die wesentliche Eigenschaft für einen guten Gesprächspartner ist es, gut zuzuhören und Fragen zu stellen. Denn dann kommen Sie verstärkt ins Reden und Erklären.
- Häufig erhalten Sie auch aktiven Input und lernen eine neue Sichtweise kennen, die Ihnen hilft, weiterzudenken oder einen neuen Standpunkt einzunehmen.
- Wichtig ist, dass Sie im Gespräch nicht den Ehrgeiz haben, die andere Meinung zu entkräften. Auch wenn Ihnen eine Sichtweise fremd ist oder nicht gefällt, geht es darum, diesen Standpunkt nachzuvollziehen. Also nachfragen statt gegenreden, erklären lassen statt Kopf schütteln.

Auch Selbstgespräche sind hilfreich! Wenn Sie zu Hause im stillen Kämmerlein sitzen und sich erst mal allein mit Ihrer Entscheidung herumschlagen möchten, dann führen Sie ruhig Selbstgespräche:

- Erklären Sie sich selbst, worum es geht: Möglichst ausführlich und konkret benennen, sodass auch ein Außenstehender die Situation verstehen würde.
- Wenn es ungewohnt für Sie ist, laut mit sich selbst zu sprechen, stellen Sie sich einfach vor, Sie würden interviewt.
- Wenn Ihnen die Ich-Form nicht zusagt, sprechen Sie einfach mit sich, als ob es sich um die Entscheidung einer dritten Person handelt.
- Sollten Sie sich komisch vorkommen, testen Sie, ob es Ihnen leichter fällt, im Raum umherzugehen oder sich vor den Spiegel zu stellen und sich mit Du anzusprechen. Sie sind zu Hause und unbeobachtet!

Gute Fee

Stellen Sie sich vor, eine gute Fee kommt vorbei und gewährt Ihnen drei Wünsche: Was würden Sie sich in Bezug auf Ihre Entscheidung wünschen? Bitte nicht sagen „Ich will die richtige Entscheidung treffen!"

So geht's:

- Sie nehmen sich die drängendsten Fragen oder Hindernisse vor. Wenn Sie mit Ihrer Entscheidung hängen, gibt es ja immer konkrete Gründe. Und diese Hänger sind natürlich sehr wichtig, denn sie verraten Ihnen, wo Informationen fehlen, wo es Unsicherheiten gibt, wo Sie vielleicht an Ihrer Persönlichkeit arbeiten oder etwas verändern möchten.
- Überlegen Sie sich die Formulierung Ihrer drei Wünsche genau. Bei mehreren Wünschen wählen Sie die für Sie wichtigsten aus, von denen Sie glauben, dass Sie die dahinter stehenden Probleme selbst nicht lösen können. Schreiben Sie die Wünsche wortwörtlich auf.
- Alle anderen notieren Sie ebenso – diese halten Sie selbst für lösbar. Denken Sie nun weiter, wie Sie vorgehen, um das Hindernis/die Unsicherheit zu überwinden. Was müsste sein, damit Sie sicherer werden oder das Hindernis aus dem Weg räumen können?
- Sehen Sie sich am Schluss nochmals Ihre großen Wünsche an. Überlegen Sie, warum sie so drängend sind. Hinterfragen Sie: Was genau meine ich damit? Warum blockiert mich das? Wie geht es mir damit?
- Gehen Sie nun in Gedanken Ihre Entscheidung weiter durch – unter der Annahme, dass Ihre größten Blockierer gelöst sind: denn die „gute Fee" kümmert sich darum. Dadurch parken Sie die Hindernisse und können sich gedanklich mit den anderen Aspekten Ihrer Entscheidung befassen.
- Später, spätestens wenn es in die Phase des Entscheidens geht, beziehen Sie die drei Wünsche wieder mit ein. Vielleicht haben sie sich schon als überflüssig herausgestellt, weil Sie das Ganze komplett durchdacht und abgewogen haben. Wenn die Fragen allerdings noch ungelöst sind, heißt es damit umgehen.

Garantie

Die letzte Methode ist auch dafür gedacht, Ihnen den Kopf frei zu machen, damit Sie strukturiert an alle Aspekte Ihrer Entscheidung herangehen können. Die Maßgabe ist folgende: Wenn Sie die Garantie hätten, dass Ihre Entscheidung auf jeden Fall richtig ist – wie auch immer sie ausfällt –, dass also alles glatt gehen wird, wie würden Sie sich entscheiden?

Trauen Sie sich auch in Richtungen zu denken, die Sie für unrealistisch halten.

Man kann nicht die Hälfte seines Huhnes essen und die andere Hälfte zum Eierlegen behalten.
Horst Vetter

4. Abwägen & Entscheiden

Sie haben sich gezielt um offene Fragen gekümmert und alle möglichen Fakten zusammengesucht. Durch Ihre Zwischenbilanzen sind Sie der Entscheidung näher gekommen: Entweder es hat sich bereits eine klare Richtung herauskristallisiert, oder es sind zumindest Tendenzen erkennbar. Nun geht es darum, alle Erkenntnisse zu analysieren und sorgfältig abzuwägen. Die Werkzeuge und Methoden aus dem siebten Kapitel helfen Ihnen dabei.

O-Ton Ernst: „Mir fallen Entscheidungen leicht, bei denen ich den Sachverhalt analytisch in Einzelkomponenten zerlegen kann, die ich dann einzeln bearbeite und in konkrete Maßnahmen umsetze. Wo also ein analytischer Weg möglich ist. Und mir fallen Entscheidungen schwer, die emotionale Komponenten haben, die entweder mit meiner Gefühlslage zu tun haben oder Auswirkungen auf andere haben, bei denen ich nicht einschätzen kann, wie andere reagieren, wo ich weiß, dass andere hier nicht begeistert sein können. Ich kann mich nicht leicht entscheiden, wenn ich einfach selbst desorientiert bin und mich nicht zu einer objektiven Betrachtungsweise aufraffen kann, oder wenn ich zu nah dran bin, um überhaupt einigermaßen objektiv vorzugehen."

Struktur reinbringen!

Um abwägen zu können, ist es zunächst einmal wichtig, eine Struktur in Ihre Informationen zu bringen. Sonst landen Sie schnell in einer Sackgasse wie der folgenden: „Wenn ich Job A annehme, muss ich länger pendeln. Länger pendeln bedeutet aber, dass ich weniger Freizeit habe und abends nicht rechtzeitig bei den Kindern bin – das krieg ich allein wegen der Betreuung schon nicht organisiert, also kann ich den Job gleich vergessen."

Dieses Beispiel zeigt, wie man sich unnötig das Leben – und die damit verbundenen Entscheidungen – schwer macht: Anstatt sich zunächst einen Überblick zu verschaffen, springt man gleich von einer Annahme zur nächsten und entfernt sich damit zugleich von der eigentlichen Entscheidung.

Legen Sie Ihren Fokus auf die Frage „Wie müsste es sein?" und nicht darauf, alle Argumente skeptisch zu beäugen oder gar als „nicht machbar" zu entlarven.

So bringen Sie Struktur in Ihre bisherigen Überlegungen und Informationen:

1. Suchen Sie sich eine Methode aus, bei der Sie Ihre Auswertung klar vor Augen haben. Das kann in Form verschiedener DIN-A4-Blätter geschehen, die jeweils für Einzelaspekte Ihrer Entscheidung stehen. Oder Sie wählen bunte Moderationskarten, die Sie auf dem Boden ausbreiten oder an eine große Pinnwand heften. Es kann ein Plakat an der Wand sein, Sie können aber auch eine Wäscheleine durchs Zimmer spannen und Ihre Erkenntnisse dort aufhängen. Oder Sie nutzen ein Ringbuch mit verschiedenen Trennblättern. Es geht darum, sich alle Informationen buchstäblich vor die Nase zu halten. Je komplexer die Entscheidung, desto hilfreicher ist es, die Erkenntnisse auch über mehrere Tage hinweg öfter durchzusehen, zu überlegen und zu ergänzen.

2. In Ihrer Bestandsaufnahme haben Sie die unterschiedlichen Teilaspekte Ihrer Entscheidung näher definiert. Gehen Sie bei der Analyse Ihrer Überlegungen entsprechend vor. Beispiel: Sie wollen mehr für Ihre Gesundheit tun und sich wohler in Ihrer Haut fühlen. Sie haben sich für verschiedene Bereiche entschieden, in denen Sie aktiv werden möchten:
   - Bewegung,
   - Ernährung,
   - Gesundheits-Check, da Sie schon lange nicht mehr beim Arzt waren,
   - äußeres Auftreten.

Das sind gleichzeitig Ihre „Obergruppen", die Sie nun jeweils vertiefen und wo Sie festlegen, was Sie in welchem Gebiet machen möchten.

3. Ihre Hindernisse ordnen Sie jeweils zu. Vielleicht hat sich gezeigt, dass Sie sich eigentlich gern bewegen und früher sportlich waren, aber dass Ihnen seit einigen Jahren die Bequemlichkeit jeden Versuch in diese Richtung zunichte gemacht hat. Vielleicht würden Sie gern Ihre gesamte Garderobe ändern, haben aber nicht so viel Geld, um lauter neue Sachen zu kaufen, et cetera.

4. Die Vorteile! Natürlich ist es sehr wichtig, dass Sie alles, was dafür spricht, ebenfalls zuordnen: Welche Teilentscheidungen sind vielleicht schon gefallen? Welche guten Ideen haben Sie gesammelt, was Sie in den einzelnen Bereichen machen könnten? Schreiben Sie zunächst alles zu den jeweiligen Bereichen. Wenn Sie das bereits in der Sammelphase getan haben, können Sie nun ans Ausfiltern gehen.

5. Die Fragezeichen klar machen: Ein Fragezeichen steht überall, wo Sie sich nicht ganz sicher sind, ob Sie es möchten, ob es realistisch ist. Und es kennzeichnet alle Bereiche, bei denen Ihnen noch Meinungen oder Informationen fehlen, beziehungsweise wo Sie erst rudimentäre oder einseitige Infos haben und diese konkretisieren möchten. Wichtig: Berücksichtigen Sie bei den Informationen immer die Quelle – handelt es sich um eine Einzelmeinung? Oder ist es eine Pauschalaussage à la „Der Wirtschaft geht es schlecht, darum hat man momentan ohnehin keine Chance, sich selbstständig zu machen"?

6. Das Ausfiltern kommt zum Schluss: Markieren Sie, was Sie überhaupt nicht weiterverfolgen möchten oder was Sie für unrealistisch halten (jeweils auch begründen). Werfen Sie diese Ideen aber nicht gleich weg – vielleicht brauchen Sie sie später noch. Und markieren Sie außerdem, was Ihnen erstrebenswert erscheint und was Sie für machbar halten (jeweils wieder begründen).

7. Ergänzen Sie bei dieser Gelegenheit weitere Überlegungen und Ideen! Wenn man sich intensiv mit etwas beschäftigt, kommen die Gedanken

so richtig in Schwung: Nehmen Sie in diesem späten Stadium Ihrer Entscheidung immer noch neue Ideen auf, und lassen Sie auch Gedanken zu, die vielleicht gewonnenen Entscheidungen entgegenstehen. So kann es passieren, dass Sie sich praktisch schon entschieden haben, jedoch kurz vor dem tatsächlichen „Okay, das mach ich!" eine völlig andere Möglichkeit auftaucht. Bleiben Sie offen und gucken Sie sich diese auf jeden Fall neugierig etwas näher an. Das heißt ja nicht, dass Sie Ihre Entscheidung gleich verwerfen.

Die Dinge voneinander trennen

Ein Punkt, der einem das Entscheiden oft schwer macht, ist, dass es an mehreren „Enden" etwas zu entscheiden gibt. Angenommen, die Ausgangslage ist folgende: Ein Ehepaar trennt sich. Beide wohnen in der gemeinsamen Eigentumswohnung. Die Frau möchte am liebsten ausziehen, doch ihr stellen sich die Fragen:

A: Soll ich wirklich ausziehen?
B: Wo würde ich hinziehen?
C: Wie würde ich wohnen?

Wenn sie die Fragen zusammenmischt und versucht, alles auf einmal zu lösen, wird das sehr schwierig werden. Insbesondere, wenn noch die Frage „Wie soll das überhaupt funktionieren?" hineinfunkt. Zudem gehen unserer Beispielfrau auch andere emotional belastende Fragen durch den Kopf, die durch die Trennung entstehen.

Hilfreicher ist es, sich den einzelnen Fragen separat zu widmen, sich also zunächst mit den grundlegenden Fragen zu beschäftigen „Ausziehen oder nicht?" (mit der jeweiligen Konsequenz) beziehungsweise „Unter welchen Umständen wohnen bleiben?". Erst wenn hier Klarheit herrscht, geht man zum nächsten Aspekt über.

Mehrere Fragen separat voneinander zu betrachten, näher zu beleuchten und zu entscheiden bedeutet nicht, andere wichtige Aspekte außen vor zu lassen. Es ist vielmehr oft die klügste Möglichkeit, voranzukommen und sich mit den schrittweisen Entscheidungen auch wohl zu fühlen.

Priorisieren und in eine Reihe bringen

Hängen an Ihrer Entscheidung mehrere Teilentscheidungen beziehungsweise handelt es sich um ein komplexeres Vorgehen, das seine Zeit braucht? Dann ist es wichtig zu entscheiden, was Sie zuerst angehen möchten, und eine sinnvolle Reihenfolge festzulegen.

... Beispiel: Sie sind im Einzelhandel tätig, überlegen sich aber, in die Werbung zu wechseln. Das klingt spannend und Sie haben gehört, dass man dort deutlich besser bezahlt wird. Sie haben sich darüber informiert, dass es eine Werbefachschule gibt, bei der Sie sich bewerben können. Zu den Voraussetzungen gehören eine Bewerbungsmappe nach bestimmten Vorgaben und eine abgeschlossene Berufsausbildung. Letztere ist vorhanden. Nun sind unter anderem die folgenden Fragen zu klären:

- genaue Aufnahmemodalitäten der Schule
- Ablauf/Dauer der Ausbildung
- Finanzierung
- Inwiefern ist die Ausbildung neben Ihrer jetzigen Berufstätigkeit möglich?
- Würden Sie eine nebenberufliche Ausbildung überhaupt „packen" beziehungsweise sind Sie bereit, Ihre Freizeit zu opfern?
- Gibt es eine Vollzeitausbildung und wären Sie bereit, Ihren Job aufzugeben?
- Könnten Sie bei ihrer jetzigen Stelle Teilzeit arbeiten, um nebenbei die Fortbildung zu machen?
- Sagt Ihnen die Werbebranche überhaupt zu und welche Tätigkeit sollten sie dort anstreben? Vielleicht ist die Werbefachschule nicht die richtige Wahl, beispielsweise wenn Sie in den Grafikbereich möchten.
- Stimmen Ihre Informationen zu Gehalt et cetera?

Ganz klar sollte das Abchecken, ob die Werbung überhaupt das Ziel ist, weit vorne passieren. Dennoch lohnt es sich, vorab die Grundinformationen über die Schule herauszufinden. Es könnte ja sein, dass es dort nur einen Bewerbungstermin im Jahr gibt, der demnächst ansteht. Allein die nähere Information über die Gegebenheiten dieser speziellen Schule kann den gesamten Zeitplan ändern. Außerdem bietet es sich an, sich direkt bei der Schule genauer über den Arbeitsbereich Werbung, mögliche Kontakte und eventuelle Informationsveranstaltungen zu erkundigen. Beziehen Sie also beim Sortieren mit ein:

- Gibt es wichtige Termine? Wie ist die sinnvolle Reihenfolge, um die Teilaspekte zu behandeln?
- Was ist mir persönlich am wichtigsten? Warum?

Spätestens jetzt Kriterien festlegen!

Abwägen können Sie nur, wenn Sie zuvor Kriterien festgelegt haben. Um Ihre Informationen und Erkenntnisse richtig einzuordnen und für Ihre Entscheidung verwerten zu können, ist es wichtig, sie messbar zu machen. Sonst passiert es Ihnen, dass Sie zwar viele Informationen zusammengetragen haben, letztlich aber ratlos davor stehen. (Mehr zum Festlegen von Kriterien finden Sie ab Seite 115.)

Gewichten

Wenn Sie Ihre Kriterien festgelegt haben, dann kennen Sie Ihre Voraussetzungen dafür, dass Sie sich mit der Entscheidung wohl fühlen. Sie wissen auch, was Ihnen für die konkrete Entscheidungssituation wichtig ist. Auf dieser Grundlage können Sie nun die gewonnenen Erkenntnisse entsprechend einordnen.

Mit Zahlen bewerten

Am eindeutigsten fällt das Gewichten aus, wenn man mit Zahlen arbeitet. Das Grundprinzip haben wir bereits am Beispiel der Pro-und-Contra-Liste (Seite 131) besprochen: Sie nehmen sich einzelne Kriterien vor und bewerten diese anhand einer Skala, beispielsweise von eins bis fünf.

... **Beispiel:** Sie möchten sich einen DVD-Player anschaffen. Nun schwanken Sie zwischen zwei Modellen: Das eine ist ein Gebrauchtgerät, das Sie bei einer Online-Auktion entdeckt haben. Das andere ist ein neues Gerät aus dem Laden. Beide Geräte sprechen Sie an – nun sind Sie jedoch am Hadern. Angenommen, Ihre Kriterienliste sieht so aus:

- schnelle Lieferzeit: wichtig
- Neu-/Gebrauchtgerät: egal, solange Zustand einwandfrei
- Design
- Farbe: am liebsten in Silber
- reines Abspielgerät: ja
- Recorder: wäre toll, aber eigentlich nicht nötig
- Garantie: wäre gut
- möglichst günstiger Preis

Nun machen Sie sich eine Tabelle pro Gerät und vergeben in jeder Kategorie jeweils eine Punktezahl als Bewertung. Wenn Ihnen einzelne Kriterien besonders wichtig sind, können Sie diese noch extra mit einem Wert multiplizieren, also beispielsweise verdoppeln. Das sieht dann so aus:

Gerät A, Gebrauchtgerät			
Lieferzeit	3 x 2	= 6	(der Versand dauert etwas)
Design		5	(das Gerät gefällt Ihnen optisch sehr gut)
Farbe		5	(es ist silberfarben)
Recorder		3	(= Recorder, was Sie vorteilhaft finden)
Garantie		0	(keine Garantie, da gebraucht gekauft)
Preis		3	(Preis ist in Ordnung)
Gesamtwert:		22	

Gerät B, neu			
Lieferzeit	5 x 2	= 10	(sofort mitzunehmen)
Design		3	(Gerät sieht ok aus)
Farbe		2	(es ist schwarz und nicht silberfarben)
Recorder		0	(kein Recorder)
Garantie		5	(Garantie vom Hersteller)
Preis		5	(günstiger Preis)
Gesamtwert:		25	

Die objektive (und messbare) Analyse ist zwar knapp ausgefallen, zeigt aber, dass das Neugerät die Nase vorn hat. Nun können Sie natürlich trotzdem eher dem Gebrauchtgerät zuneigen, weil Sie bei der Auswertung feststellen, dass Ihnen an der Aufnahmefunktion doch mehr liegt. In so einem Fall werden Sie die Kriterien noch einmal klar überdenken und untereinander abwägen: Sehen Sie sich besonders die hohen Bewertungen an: Sind Ihnen die Zusatzfunktion und das Design so viel wichtiger als Garantie und Preis? Wichtig ist, dass Sie nicht im Nachhinein alle vorher festgelegten Maßstäbe, die ja Ihre eigenen sind, über den Haufen werfen, nur weil Sie spontan doch wieder mit dem Gebrauchtgerät liebäugeln.

Eine andere Variante dazu:

O-Ton Helena: „Mein Freund ist ein Kopfmensch. Sein Schlagwort heißt ‚analysieren'. Mit seiner Technik vereinfacht er die Wahl und macht sich eine Übersicht von Fakten und wichtigen Maßstäben. Als er sich eine Digitalkamera kaufen wollte, war der erste Schritt Maßstäbe (Kriterien) herauszusuchen (Gewicht, Preis, Aussehen etc.). Diese trägt er als Zahl in eine Excel-Tabelle ein. Ein Kriterium wie zum Beispiel Aussehen wird in eine Zahl umgewandelt. So werden interessante Fotoapparate in einer Tabelle aufgelistet. Danach sucht er die wichtigsten und ausschlaggebenden Kriterien heraus und analysiert sie. Die Apparate müssen im Hauptkriterium zum Beispiel eine Note über 5 haben. Wenn die Note niedriger ist, fallen sie gleich raus und schränken die Auswahl bereits ein. Dann wird die Gesamtsumme von allen Geräten ausgewertet und berücksichtigt – obwohl die jeweiligen Hauptkriterien am wichtigsten bleiben und letztlich den Ausschlag geben. So bleibt schließlich eine kleine Anzahl wirklich interessanter Geräte übrig, die den Kriterien entsprechen. Diese nimmt er dann wiederum näher unter die Lupe und wägt die Werte gegeneinander ab. Was für ihn wirklich wichtig ist, kann etwas Subjektives sein, wird aber immer in eine Nummer umgewandelt. Die Ansichten anderer haben nur insofern Bedeutung, um Maßstäbe herauszusuchen und Ideen zu bekommen. Die Ansichten und Kommentare der Verkäufer spielen im Großen und Ganzen überhaupt keine Rolle. Die Fakten sucht er, wo es sinnvoll ist: im Internet, in Broschüren et cetera."

Diese Methode der Zahlenbewertung können Sie auf jede Entscheidung anwenden, nicht nur wenn es um Anschaffungen geht.

Mit Gefühlen gewichten

Nicht jeder kann so analytisch vorgehen und seine Vorstellungen/Bewertungen in Zahlen umwandeln. Wenn Sie jemand sind, der eher gefühlsmäßig bewertet und nicht recht in Worte fassen kann, wie es ihm mit den einzelnen Aspekten und Informationen geht, dann können Sie die Teilentscheidungen auch durch Smileys bewerten. Probieren Sie es einfach aus! Bei dem Gedanken, die Entscheidung xy zu treffen, geht es mir:

☺ 😐 ☹

Oft hilft es, die Bewertung zunächst völlig unkommentiert vorzunehmen. Markieren Sie einfach spontan mit einem Smiley, wie es Ihnen mit der einen oder anderen gefundenen Alternative geht. Wenn Sie künstlerischer veranlagt sind, können Sie auch ein Bild malen, das Ihre Gefühle zu einzelnen Varianten wiedergibt. Natürlich ist es wichtig, diese Gefühle später auch in Worte zu fassen, denn ohne qualitative Aussage können Sie damit nichts anfangen.

... Beispiel: Sie machen gerade Wohnungsbesichtigungen. Eine der Wohnungen könnten Sie haben, sie ist auch „eigentlich" sehr schön und entspricht genau dem, was Sie suchen. Doch bei dem Gedanken, dort einzuziehen, geht es Ihnen nicht besonders gut. Andererseits sieht es auf dem Wohnungsmarkt nicht gerade rosig aus – sollten Sie also nicht besser zuschlagen? Wenn Sie dieses Gefühl nicht klären, wissen Sie nicht, ob es eine gute Idee ist, die Wohnung zu nehmen, oder ob Sie später zwar eine neue Wohnung haben, aber todunglücklich dort sind.

In Worte fassen

Eine gute Möglichkeit, auch diffuse Gefühle greifbar zu machen, ist, diese Emotionen in Worte zu fassen: Bitten Sie Ihren „Kopf", Ihrem „Bauch" behilflich zu sein. Neben dem Aufschreiben kann lautes Aussprechen sehr gut sein, wobei Sie Ihr Gefühl mit „Weil-Sätzen" begründen. Das Sprechen hilft deshalb oft besser, weil man spontaner ist und nicht lange überlegt. Wenn Sie nicht sofort auf die Lösung kommen, reden Sie einfach laut weiter und erklären Sie jeweils das, was Sie vorher gesagt haben.

... Beispiel: Ich habe ein blödes Gefühl, die Wohnung in der Müllerstraße zu nehmen, weil ... (und dann direkt weiterplappern, z. B.:) ... ich mich nach der Besichtigung gar nicht so gefreut habe. Ich habe mich nicht gefreut, weil die Atmosphäre in der Wohnung nicht so gut war. Die Atmosphäre war nicht so gut, weil die Hausmeisterin, die mir die Wohnung gezeigt hat, nicht besonders nett war. Sie hat verbissen geschaut, war kurz angebunden und hat mich schon bei der Besichtigung auf alle möglichen Verbote hingewiesen.

Im Nu haben Sie klare Anhaltspunkte für Ihr ungutes Gefühl.

Andere um Unterstützung bitten

Wer sich blöd dabei vorkommt, Selbstgespräche zu führen, oder allein nicht so recht weiter weiß, kann andere um Unterstützung bitten. Wichtig dabei ist es, die richtigen Fragen zu stellen (siehe Seite 118). Manchmal genügt es, andere nach ihrer Meinung zu fragen. Es kann sich aber auch lohnen, sie mit abstimmen zu lassen. Besonders bei Leuten, die ebenfalls von der Entscheidung betroffen sind, ist es gut, sich vor einer Diskussion und dem gemeinsamen Abwägen eine erste Übersicht über die jeweilige Meinung zu verschaffen. Wenn mehrere Aspekte zu entscheiden sind, können Sie beispielsweise Punkte vergeben lassen: Sie schreiben die Aspekte auf ein großes Blatt Papier, und jeder der Beteiligten bekommt drei Klebepunkte (gibt's im Schreibwarenhandel), die er den Aspekten seiner Wahl zuordnen kann.

Wichtig ist es, sich bei der Meinung anderer immer um eine qualitative Aussage zu bemühen, also um mehr als ein „Finde ich nicht gut" oder „Das würde ich auch machen" oder „Das traue ich dir nicht zu". Achten Sie stets darauf, dass Sie eine Begründung bekommen. Sonst nützt Ihnen die Meinung nichts – und sie ist weniger eine Unterstützung als vielmehr eine Bremse. Übrigens: Zum Bewerten anderer Meinungen gibt es weitere Informationen im zweiten Kapitel (ab Seite 58).

Führen Sie sich nicht selbst hinters Licht, wenn es darum geht, abzuchecken, was Sie eigentlich wirklich wollen!

Was will ich?

Manche Entscheidungen sind „eigentlich" eindeutig – und dennoch trifft man sie nicht. So gibt es immer wieder Pärchen, die derart viel Stress miteinander haben, dass sie sich eigentlich trennen sollten, und das auch wissen. Dennoch entscheiden sie sich dafür, alles weiterlaufen zu lassen wie bisher. Vielleicht kennen Sie eine solche Situation auch: Ihnen ist klar, Sie sollten sich trennen oder sich eine neue Arbeit suchen, aber Sie sind zu bequem oder zu ängstlich, um die Situation zu verändern.

Nehmen wir ein banaleres Beispiel, das Ihnen vielleicht bekannt vorkommt: Ihre Wohnung müsste mal wieder auf Vordermann gebracht werden. Sie hätten Lust, die Wände zu streichen, ein paar neue Möbel zu kaufen und bei der Gelegenheit alles gründlich auszumisten und zu putzen. Sie würden sich viel wohler fühlen und möchten auch ein äußeres Zeichen setzen, dass Sie Ihrem Leben „einen neuen Anstrich" geben und Ihre Wohnqualität steigern. Nun ist mit so etwas allerdings viel Arbeit verbunden. Ihre Zeit ist ohnehin knapp, und die Anstrengungen sowie die „Action" scheuen Sie außerdem. Wir haben folgende widersprüchliche Aussagen:

- Ich möchte gern meine Wohnung für mich verschönern und meine Lebensqualität damit steigern.
- Ich will aber nicht so viel arbeiten.

Es wäre nun schade zu sagen: Ja, Pech gehabt – dass ich mich nicht für die Veränderungen in meiner Wohnung abrackern möchte; das schiebt dem Ganzen leider bereits einen Riegel vor. Also lass ich's. Das Gefährliche beim Abwägen einer Entscheidung sind nämlich genau diese – bewussten oder unbewussten – Barrieren, die man mit sich herumträgt:

- Sie haben etwas schon lange nicht auf die Reihe bekommen, also fehlt Ihnen das Zutrauen zu sich selbst („Ich ziehe das eh nicht durch …").
- Sie fürchten sich vor einer neuen Situation – das Gewohnte ist immer auch Sicherheit – und den damit verbundenen Gefühlen („Bestimmt komme ich mit dem Alleinsein gar nicht klar …").

- Ihr Selbstbewusstsein ist vielleicht etwas wackelig („Das schaffe ich bestimmt nicht ...“).

Auch eine tatsächliche oder angenommene „allgemeine“ Meinung oder die eigene Erziehung kann die Frage, was man will, gehörig beeinflussen:

- Das macht „man“ nicht (in deinem Alter, mit dieser Religion ...).
- Es ist deine Pflicht, dich soundso zu verhalten (als Familienvater/ Ehefrau, Vorbild für ...).
- Du kannst doch nicht plötzlich ...
- Es ist ungehörig ...

Hinterfragen Sie beim Abwägen Ihrer Entscheidung bei jedem Bereich, wie es Ihnen damit geht, wie wichtig er Ihnen ist und wie angenehm. Überlegen Sie auch, welcher Zuspruch oder welche Barrieren dabei auftauchen.

Wichtig ist, dass Sie sich nicht für oder gegen etwas nur deshalb entscheiden, weil Sie den Aufwand scheuen oder nicht besonders zuversichtlich sind, ob Sie es auch durchziehen können. Nehmen Sie Ihre Teilentscheidungen, Gefühle und Annahmen ernst und hinterfragen Sie sie. Konkretisieren Sie Ihre Gedanken immer bis ganz zum Schluss. Und dann ist die nächste Frage: Wie müsste es sein, damit ich mich wohl fühle, an dieser Entscheidung festzuhalten? Was/wer kann mir dabei helfen? Weitere Tipps zur Umsetzung finden Sie im Kapitel „... und jetzt Action!“ (Seite 173).

Machbar oder nicht?

Die Frage, ob etwas machbar ist, enthält ebenfalls viele Tücken, wenn es ums Abwägen geht. Denn das Ergebnis einer Entscheidung als zu einfach einzuschätzen kann sich genauso nachteilig auswirken wie die Tatsache, dass man es voreilig als nicht machbar verwirft. Zwei Beispiele dazu:

1. Ein Ingenieur ist unzufrieden mit seiner Arbeit. Er kommt auf die Idee, sich selbstständig zu machen: Das müsste laufen, denn gerade wenn Firmen sparen, gliedern sie Aufträge verstärkt aus. Da er technisch

sehr gut ist und ohnehin lieber alleine arbeitet, will er zum nächsten Termin in zwei Wochen kündigen, um gleich anschließend loszulegen. Leider weiß unser Ingenieur weder, was er bei der Existenzgründung alles beachten muss, noch hat er sich Gedanken darüber gemacht, wie seine Leistungen und sein Firmenauftritt genau aussehen. Davon abgesehen übersieht er, dass Aufträge erst akquiriert werden müssen – und dass er nicht gerade der kommunikative Verkäufertyp ist.

2. Im andern Fall ist der Ingenieur sehr realistisch: Er hat sich mit allem ausführlich auseinander gesetzt und sich erkundigt, ob er beim jetzigen Arbeitgeber als Freiberufler mitarbeiten könnte. Er ist kommunikativ, kann auf Leute zugehen und sich „eigentlich" auch verkaufen. Spaß würde ihm das in gewissem Maße machen, und Kontakte hat er ebenfalls schon. Nur glaubt er nicht, dass er das mit der Akquise hinbekommen wird – denn er besitzt darin keinerlei Erfahrung. Da man sich aber als Selbstständiger verkaufen muss und ihm diese Erfahrung fehlt, denkt er, es ist besser die Finger ganz davon zu lassen.

Sie sehen, wie schnell man sich noch kurz vor knapp die Entscheidung erschweren oder gar zunichte machen kann. Die Machbarkeits-Frage ist natürlich äußerst relevant! Nur: Machbar ist tatsächlich vieles (auch wenn es natürlich oft mit entsprechender Anstrengung verbunden ist). Und häufig steht man sich dabei selbst im Weg, traut sich etwas nicht zu oder hat einfach nicht genug Einblick in eine Sache beziehungsweise Vertrauen in die eigenen Fähigkeiten.

Wenn Ihnen beim Abwägen Ihrer Gedanken und Informationen – beziehungsweise bei einer eigentlich klaren Entscheidung – Zweifel kommen, dann nehmen Sie diese immer ernst: Verfolgen Sie die Zweifel weiter. Was steckt genau dahinter? Welche Informationen, welche Meinungen anderer Personen können Ihnen zu mehr Klarheit verhelfen?

Sehr wichtig ist es auch, eine Sache nicht zu unterschätzen. Natürlich kann man nicht einfach sagen: Schätzen Sie alles richtig ein – denn wenn man nicht sieht, wie komplex etwas ist, erkennt man auch nicht, wo es vielleicht noch Fragen gibt und wo es notwendig wäre, Informationen oder Input von anderen einzuholen.

Gehen Sie bei allen Ihren Entscheidungen davon aus, dass sie komplex sind: also nicht „kompliziert" oder „schwierig", sondern einfach vielschichtig.

Eine gute Übung, um sich dafür zu sensibilisieren, ist es, die Dinge genauer zu hinterfragen oder auch einfach einmal im Alltag zu beobachten. Nehmen Sie simple Tätigkeiten wie die, einen Brief zu schreiben und zu versenden: Was hängt nicht alles an einzelnen Bestandteilen und Verrichtungen daran – von der Herstellung des Kuverts und der Auslieferung in den Laden über Ihren Einkauf, Ihre Gedanken und Handgriffe, das Schreiben, einkuvertieren et cetera bis hin zum Öffnen des Briefes durch den Empfänger. Plötzlich wird ein banales „Einkuvertieren, Einwerfen, Ankommen", das man im Alltag so oft gedankenlos praktiziert, zu einer komplexen Angelegenheit.

Tipp: Wenn Sie mit sich selbst hadern und sich fragen, ob Sie einer Sache gewachsen sind oder nicht: Werfen Sie einen Blick in Ihre Vergangenheit – gehen Sie zwei, fünf, zehn Jahre zurück und vergleichen Sie sich. Was können Sie heute, was Sie früher überhaupt nicht konnten oder wovor Sie Bammel hatten? Was machen Sie heute souverän mit links, was früher eine große Sache für Sie war?

Stichwort: Kompromisse

Das Wort Kompromiss hat leider oft einen negativen Beigeschmack. Dabei sind Kompromisse an sich alles andere als „faul". Vielmehr ist es die Regel, dass man nicht immer das Ideal erreicht oder auch – aus bestimmten Gründen – erst einmal mit Plan B vorlieb nimmt, statt gleich Plan A umzusetzen. Viele Entscheidungen scheitern nur daran, dass man als Maßstab „Alles oder Nichts" nimmt. Darum ist es beim Abwägen sehr wichtig, im Kopf immer offen zu bleiben. Von Anfang an werden Sie in diesem Buch von zwei Begriffen begleitet: „konkret werden" und „Alternativen finden".

Diese beiden Punkte sind sehr wichtige Schlüssel zu Ihrer Entscheidungsfähigkeit. Es ist unabdingbar für Ihre Entscheidung (und deren erfolgreiche Umsetzung), dass Sie die Aspekte identifizieren – und konkretisieren –, bei denen Sie kompromissbereit sind. Fragen Sie sich daher bitte immer:

- Was ist mir absolut wichtig, wovon rücke ich nicht ab – und warum?
- Was ist mir wichtig, ist aber nicht unumstößlich (inwieweit/in welcher Form)?
- Was ist mir eigentlich egal (wenn ja: gut, wenn nein: auch okay)?

Wenn Sie wissen, was unumstößlich ist, laufen Sie nicht Gefahr, sich für etwas zu entscheiden, das dem entgegenläuft. Und Sie werden sicherer bei jeder Entscheidung, die Ihre Kriterien erfüllt. Sollten Sie jedoch in eine Situation kommen, die einen Kompromiss erfordert, wissen Sie sofort, welche Regelung für Sie akzeptabel ist und bei welcher es sich um einen „faulen Kompromiss“ handelt, der Sie unglücklich machen würde.

Wenn mehrere Leute mitentscheiden

Sind mehrere Personen an einer Entscheidung beteiligt, ist Kompromissbereitschaft angesagt: Es kommen unterschiedliche Persönlichkeiten zusammen, mit unterschiedlichen Gefühlen, Erfahrungen, Bedürfnissen und Wünschen. Alle unter einen Hut zu bringen fällt nicht immer leicht. Darum ist es umso wichtiger, dass jeder Einzelne seine eigenen Kriterien und Bedürfnisse festlegt – und dass diese auch ernst genommen werden.

... Beispiel: Ein Paar beschließt zusammenzuziehen. Der Mann möchte gern eine Wohnung mit Terrasse und Garten haben. Die Frau hat Angst davor, im Erdgeschoss zu wohnen. Das ist ein ewiges Diskussionsthema: Der Mann versteht nicht, wie seine Freundin so irrationale Ängste haben kann, „schließlich sind wir hier nicht in Chicago, sondern im sicheren München. Übrigens stand erst kürzlich wieder in der Zeitung, dass München eine der sichersten Großstädte Deutschlands ist.“

Auf diese Art wird man kaum eine für beide Seiten befriedigende Lösung finden, und außerdem ist Beziehungsärger vorprogrammiert.

Wenn eine gemeinsame Entscheidung ansteht, sollte man sich auch gemeinsam besprechen. Am besten setzt sich jedoch jeder der Beteiligten vorher ausführlich mit seinem eigenen Standpunkt auseinander und arbeitet die Bestandsaufnahme und das Konkretisieren für sich allein durch.

Nicht alle Entscheidungen können völlig demokratisch geregelt werden. Wenn Rahmenbedingungen feststehen, die eine bestimmte Richtung vorgeben, ist es wichtig zu erklären, warum etwas so und nicht anders entschieden wird. Auf dieser Grundlage werden sämtliche beteiligten Personen weiter mit einbezogen.

... Beispiel: Ihrem Unternehmen geht es wirtschaftlich schlecht. Als Chef entscheiden Sie, dass zwei Stellen nicht mehr besetzt werden. Das hat zur Folge, dass Ihre Mitarbeiter deutlich mehr belastet werden als zuvor. Nun kann man natürlich nicht darüber streiten, ob es alle Beteiligten vielleicht doch besser fänden, zwei weitere Leute einzustellen. In diesem Fall stehen wirtschaftliche Gründe dagegen, und es ist Ihre Aufgabe, eine wohl überlegte Entscheidung zu treffen und zu vermitteln. Es stehen jedoch damit verbunden weitere Entscheidungen an: Sie sollten mit Ihren Mitarbeitern gemeinsam überlegen, wie man mit reduzierter Mannschaft am besten weiterarbeiten kann. Was gibt es an Ideen zur Arbeitsteilung? Wo könnte man Zeit und Aufwand einsparen, etwa indem man Arbeitsprozesse überprüft und strafft? Was kann die gesamte Belegschaft tun, damit die Atmosphäre gut bleibt? Welche Perspektiven lassen sich dafür schaffen, bis wann wieder Verstärkung eingestellt werden kann?

Wenn sich Vor- und Nachteile die Waage halten

Leider gibt es kein Rezept dafür, wie man sich bei einem „Gleichstand" der Argumente richtig entscheidet.

O-Ton Jutta: „Wenn objektiv beide Seiten ihre Berechtigung haben und es rein sachlich gesehen überall Vor- und Nachteile gibt, ich emotional gesehen aber keine Vorlieben habe, fällt mir die Entscheidung schwer."

Meiner Erfahrung nach ist es sehr selten, dass wirklich vollkommen gleichwertige Argumente für das Für und das Wider sprechen. In der Regel entsteht ein Gleichstand aus einem gewissen Grad an Oberflächlichkeit: Man hat noch nicht genug hinterfragt. Wenn Sie das Gefühl haben, dass alle Argumente gleich schwer wiegen, empfehle ich Ihnen, noch einmal etwas tiefer in die Motivation, die einzelnen Gründe und Ziele einzusteigen. Das Konkretisieren hilft ungemein dabei, mehr Klarheit zu gewinnen und das „Gewicht" zu verschieben. Sie können auch die Methode der Zahlenbewertung anwenden und Ihre Argumente in Zahlen umsetzen (siehe Seite 131). Das gibt entweder eine klare Richtung vor oder bringt Indizien dafür, welche einzelnen Aspekte Ihnen am wichtigsten sind. Je nachdem, um welche Art von Entscheidung es sich handelt, können Sie auch praktische Erfahrungen machen:

... Beispiele:

- Sie haben sich im Hi-Fi-Laden zwei CD-Player angesehen, sind jedoch unentschlossen, welcher davon am besten zu Ihrer vorhandenen Anlage passt. Beide sehen vielversprechend aus und sind von den einzelnen Kaufaspekten her gleichwertig. Der Händler gibt Ihnen auf Anfrage beide CD-Player zum Ausprobieren mit nach Hause.
- Sie haben zwei Zusagen für einen Job erhalten, können sich aber nicht entscheiden. Fragen Sie nach, ob Sie einen Probearbeitstag machen dürfen.
- Sie interessieren sich für einen Fernkurs in Psychologie. Zwei Anbieter kommen infrage. Fordern Sie von beiden Probe-Lektionen an und machen Sie sich ein Bild über Art und Qualität der Unterlagen.
- Sie wollen ein Coaching machen, sind aber unsicher, wonach Sie den Coach auswählen sollen. Fragen Sie die Anbieter nach persönlichen Referenzen: Ist es möglich, Kontaktdaten von jemandem zu bekommen, der dort ein Coaching gemacht hat und Fragen beantworten würde?

Wenn nach wie vor beide Varianten gleichwertig erscheinen, gibt es zwei mögliche Sichtweisen:

- die negativ gefärbte, „Hilfe, ich weiß nicht, wofür ich mich entscheiden soll – das eine ist so gut wie das andere!“, und
- die konstruktiv-positive, „Toll, nun habe ich zwei Alternativen, und beide sind gleich gut“.

Ihre Einstellung zu diesem „Gleichstand“ färbt Ihr weiteres Vorgehen. Halten sich die Möglichkeiten tatsächlich die Waage und fühlen Sie sich mit beiden Alternativen grundsätzlich wohl, können Sie entscheiden, nach welchen Kriterien die Entscheidung fällt: Neigt sich die Waagschale auf einer Seite, weil Sie eine andere Person um Rat bitten? Überlassen Sie die Entscheidung einer beteiligten Person? Lassen Sie es auf sich zukommen und nehmen das, was sich ergibt? Oder überlassen Sie es dem Zufall und „würfeln“? – Auch das wäre erlaubt, denn immerhin haben Sie sich vorher intensiv mit den Varianten auseinander gesetzt und sie auf Herz und Nieren geprüft. Übrigens: Ein Aber-vielleicht-hab-ich-was-übersehen gilt nicht, um sich vor der Entscheidung zu drücken! Sie haben alle Möglichkeiten, offene Fragen und Fakten zu klären.

Welchen Stellenwert hat die Entscheidung?

Wie leicht oder schwer Ihnen eine Entscheidung fällt, liegt auch daran, wie viel Sie damit verbinden:

O-Ton Petzi: „Ich sehe da einen großen Unterschied zwischen leicht, schwer und gar nimmer rückgängig zu machenden Entscheidungen. Leicht rückgängig zu machende Entscheidungen: zum Beispiel ‚Was koche ich heute mittag?‘. Wenn's dann 12 Uhr ist und ich auf das Eingekaufte keinen Bock habe, kann ich immer noch was anderes einkaufen, den Pizzaexpress kommen lassen oder essen gehen. Schwer rückgängig zu machende Entscheidungen: zum Beispiel Umzug/Jobwechsel. Geht zwar prinzipiell rückgängig zu machen, ist aber doch mit Aufwand, Organisation und eventuell auch Geld verbunden. Gar nicht rückgängig zu machende Entscheidungen:

zum Beispiel Kind bekommen, Selbstmord begehen. Ich stell mir das so vor, dass jemand an einer Weggabelung steht und nur einen Weg gehen kann. Und jetzt das Problem dabei: Man sieht (sprich erlebt) zwar die eine Alternative, aber weiß nie, was auf dem anderen Weg passiert wäre. Und da man ja meist zum Zeitpunkt der Entscheidung nicht die gleichen Informationen wie später hat, ist das halt schwer."

So nachvollziehbar die Angst ist, etwas Besseres zu verpassen oder eine Fehlentscheidung zu treffen, so muss man sich doch klar machen, dass es bei jeder Entscheidung immer nur um ein sorgfältiges Abwägen gehen kann. Es gibt keine Kristallkugel, die einem die richtige Entscheidung zeigt, und es gibt auch keinerlei Garantien. Wenn Sie Ihre Entscheidungen jedoch sorgfältig treffen, liegen Sie auf jeden Fall richtig: Denn Sie entscheiden sich dann bewusst für eine bestimmte Richtung. Zu dieser Entscheidung – und damit auch zu sich selbst – sollten Sie stehen können. Natürlich kommt es dennoch vor, dass man im Rückblick eine Sache anders beurteilt, weil sich die Einstellung geändert hat, weil man über mehr Erfahrung verfügt.

▸ **Übung:** Eine gute Möglichkeit, mit der Sie die eigene Entscheidungsfähigkeit stärken können, ist es, Ihr Leben Revue passieren zu lassen. Führen Sie sich kleine und große Entscheidungen noch einmal vor Augen und betrachten Sie sie im Rückblick: Wie ging es Ihnen damals in dieser Entscheidungssituation? Wie leicht/schwer fiel Ihnen die Entscheidung? Wie beurteilen Sie sie rückblickend? Würden Sie die gleiche Wahl wieder treffen? Wenn nein: Was würden Sie anders machen? Berücksichtigen Sie dabei auch, wie die neue Sichtweise zustande kommt. Im Nachhinein schlauer zu sein und mit einer früheren Entscheidung zu hadern ist immer einfach. Seien Sie sich selbst gegenüber fair: Sie haben sich jeweils in einer bestimmten Weise entschieden, weil Ihnen genau diese Wahl damals richtig erschien.

Manchmal trifft man vielleicht tatsächlich die falsche Entscheidung. Dabei kann Passivität (sich nicht entscheiden und Dinge auf sich zukommen lassen) bereits eine Fehlentscheidung sein. Wir haben gleich anfangs das Thema Selbstverantwortung behandelt. Dazu gehört auch, dass man Fehlentscheidungen aushält. Man kann daraus lernen, sich vielleicht eine Runde darüber ärgern, aber man sollte immer zu sich selbst stehen.

Übung: Von Müssen und Zwängen

Louanne Johnsons Buch *Two Parts Textbook, One Part Love* habe ich eine interessante Übung entnommen: Komplettieren Sie die folgenden beiden Sätze: Ich muss … / Ich kann nicht … Schreiben Sie jeweils alles auf, was Ihnen dazu spontan einfällt. Anschließend streichen Sie das „muss" durch und ersetzen es durch „entscheide mich für", und das „kann nicht" ersetzen Sie durch „will nicht". Nun sehen Sie sich Ihre Aufzeichnungen noch mal Aussage für Aussage an und denken darüber nach.

Diese Übung erfordert ganz schön viel Mut, finde ich. Denn jeder von uns protestiert schnell, wenn uns „eingeredet" werden soll, dass wir etwas nicht wollen, was für uns selbst ganz offensichtlich eine ungeliebte Verpflichtung ist. Plötzlich bekommen wir wieder die Verantwortung für das, was wir nicht verändern oder nicht anpacken. Wer ehrlich mit sich selbst ist, wird zugeben, dass es stimmt: Es gibt sehr wenige Dinge im Leben, die man tatsächlich tun muss oder die man überhaupt nicht erreichen kann, wenn man sich bemüht.

Wie lautet die Entscheidung?

Kommen wir nun zur entscheidenden Phase: Sie haben alle Informationen sorgfältig abgewogen. Wenn Ihnen dadurch die Entscheidung schon klar geworden ist, können Sie gleich zum neunten Kapitel springen und sich der Umsetzung widmen. Wenn Sie noch nicht endgültig sicher sind, können Sie:

- Filter setzen: Was ist klar, was noch nicht?
- Teilentscheidungen treffen,
- trennen: Was möchte und was sollte ich?,
- Ihre wahrscheinlichste Entscheidung finden,
- per Ausschlussverfahren vorgehen.

Um Ihnen diese Methoden zu verdeutlichen, gehen wir sie anhand derselben Beispielsituation durch:

... Beispiel: Die 40-jährige Marketing Managerin hat Streit an ihrem aktuellen Arbeitsplatz: Sie kommt mir ihrem Chef nicht klar und hat auch mit einigen Kollegen Stress. Da sie auch in der Stelle zuvor mit menschlichen Problemen konfrontiert war, will sie sich nun selbstständig machen. Sie hat sich ausführlich mit allen Aspekten dieser Situation auseinander gesetzt und Für und Wider abgewogen. Nach wie vor tendiert sie zur Selbstständigkeit, um den persönlichen Konflikten im Beruf auszuweichen. Allerdings wäre sie lieber fest angestellt, weil sie sehr sicherheitsbedürftig ist.

Filter setzen: Was ist klar, was noch nicht?

An dieser Stelle haben Sie nicht den Anspruch, eine endgültige Entscheidung über die Gesamtsituation zu treffen, sondern Sie durchforsten Ihre Erkenntnisse auf die Aspekte hin, die klar sind. Für unsere Marketingfachfrau ist klar:

- Sie möchte die aktuelle Stelle auf jeden Fall wechseln.
- Sie traut sich die Unsicherheiten einer Selbstständigkeit nicht zu, wird sich also wieder anstellen lassen.
- Sie will ihrem Fachgebiet Marketing treu bleiben, weil es ihr gut gefällt und sie sich dabei sicher fühlt.
- Sie wäre bereit, in anderer Funktion zu arbeiten (nicht unbedingt als Marketing Managerin).
- Sie weiß noch nicht wie, aber sie muss ihre schlechten Erfahrungen aufarbeiten und ihren Eigenanteil daran analysieren und zwar bevor sie eine neue Stelle antritt.
- Bevor sie sich bewerben kann, muss sie für sich noch ausloten, welche Tätigkeiten genau sie machen würde und welche Branchen sie am meisten interessieren.

Eine Menge wichtiger Erkenntnisse. Auch wenn es noch nicht die Entscheidung ist, so kann sie anhand dieser „Was ist klar/was noch nicht?"-Methode konkret weiterarbeiten.

Teilentscheidungen treffen

Wenn man sich nicht in der Lage fühlt, die gesamte Entscheidung zu treffen – oder sich mit den verschiedenen Aspekten auseinander zu setzen –, kann man auch einfach Teilentscheidungen treffen. Nehmen wir an, unsere Marketing Managerin fühlt sich so gestresst durch den Ärger im Beruf und ihre Unsicherheit, was sie tun soll, dass sie jeden Tag mit Bauchweh in die Arbeit geht und keinen klaren Kopf bekommen kann. Ihr ist allerdings klar:

- Sie will (muss!) so schnell wie möglich aus der aktuellen Stelle raus.
- Sie braucht eine Auszeit, um gesundheitlich wieder auf die Höhe zu kommen und vor allen Dingen an ihrem Selbstbewusstsein zu arbeiten.

Alle weiteren Entscheidungen – persönlich und beruflich – werden zunächst zurückgestellt. Um diese beiden Aspekte umsetzen zu können, ist nun erst mal wichtig, die Situation zu klären: Wie sehen die Kündigungsfristen aus? Wie lange könnte so eine Auszeit mindestens/längstens dauern? Wie sollte sie gefüllt werden? Welche Art externer Unterstützung möchte sie sich eventuell dazuholen, um die Erfahrungen zu betrachten und an sich selbst zu arbeiten. Wie sieht die finanzielle Situation aus? Was wären Interimslösungen, zum Beispiel eine zeitweise freiberufliche Tätigkeit, um in Teilzeit Geld für den Unterhalt zu verdienen. Und welchen Zeitrahmen setzt sie sich, um sich neu zu orientieren und zu bewerben?

Trennen: Was möchte und was sollte ich?

Es kann sein, dass sich eine Entscheidung herauskristallisiert, die durch Ihre Analyse und durch Fakten gestützt ist, die aber dennoch nicht dem entspricht, was Sie wirklich wollen. Dann kommt es darauf an, beides einander gegenüberzustellen und klar zu begründen (Sie erinnern sich: Immer konkret werden!). Unsere Marketing Managerin gelangt beispielsweise zu folgenden Erkenntnissen:

- Eigentlich möchte ich am liebsten sofort kündigen und mir eine Auszeit gönnen, bevor ich mich wieder bewerbe.

- Alternativ sollte ich versuchen, die Situation in der aktuellen Firma zu bereinigen. Ich habe bisher nicht dazu beigetragen, den Stress aufzuklären, und bin Chef und Kollegen eher aus dem Weg gegangen. Da ich aber zu verunsichert und verletzt bin, kann und möchte ich das nicht tun.
- Weil ich keinerlei finanziellen Rücklagen habe und auch niemanden um Geld bitten könnte, habe ich ein Problem und kann mir die dringend benötigte Auszeit nicht gönnen. Ich kann mir auch nicht vorstellen, kurzfristig freiberuflich etwas an Land zu ziehen. Ich sehe daher nur die Möglichkeit, mich sofort zu bewerben, um möglichst schnell eine neue Stelle zu bekommen.

Ein schönes Beispiel dafür, dass man oft Zugeständnisse machen – also auf Plan B zurückgreifen – muss. Wichtig ist, dass Sie auch in so einer Entscheidungssituation den Plan B bis zum Ende durchdenken: Unsere Beispielperson muss sich auf jeden Fall mit den bisherigen schlechten Erfahrungen und ihrem angeknacksten Selbstbewusstsein auseinander setzen, notfalls parallel zu ihrer Bewerbung (beispielsweise durch eine Therapie oder mithilfe eines Coachings). Auch die „Auszeit" kann nebenbei erfolgen indem sich die angeschlagene Marketing Managerin aktiv um ihr Wohlbefinden und ihre Entspannung kümmert. Das kann durch Bewegung passieren (Fitnessstudio, schwimmen gehen etc.), durch einen Kurzurlaub, es können ausgiebige Spaziergänge sein. Das heißt, sie muss für sich herausfinden, wie sie in den Alltag ihre Auszeit und ihr Entspannungsprogramm einbauen kann.

Ihre wahrscheinlichste Entscheidung finden

Auch wenn man nicht hundertprozentig weiß, was man tun soll, hat man in der Regel doch ein starkes Gefühl für eine bestimmte Richtung oder eine Tendenz. Fassen Sie dies einmal ganz klar in Worte, und setzen Sie sich mit dem Für und Wider auseinander – ebenso wie mit den noch bestehenden Unklarheiten oder Zweifeln. Vielleicht ist sich unsere Marketing Managerin noch nicht sicher, wie sie in der aktuellen Situation verfahren soll. Sie hat eine Selbstständigkeit zwar ausgeschlossen, weil ihr Sicherheitsbedürfnis zu groß ist und sie sich nicht als Alleinkämpferin sieht. Sie tendiert aber dazu, die aktuelle Firma zu verlassen – dies ist ihre wahrscheinlichste Entscheidung. Sie fühlt sich noch etwas unsicher, diesen Schritt zu tun, weil sie sich vorher mit den menschlichen Problemen aktiv auseinander setzen will: Immerhin ist ihr das nun zum wiederholten Male passiert, sie trägt also selbst dazu bei. Ein gewaltiger Fortschritt, so eine Erkenntnis offen auszusprechen! Bevor die Marketing Managerin kündigt, ist es also wichtig für sie, sich mit den Problemen und wie es ihr damit geht, näher zu befassen.

Per Ausschlussverfahren vorgehen

Wenn es zu viele Informationen gibt, sieht man manchmal den Wald vor lauter Bäumen nicht mehr. Noch schlimmer wird es, wenn mehrere attraktive Alternativen locken, für die man sich entscheiden könnte. Da läuft man dann leider oft Gefahr, sich total verwirren zu lassen. Gut ist es, sich auf die Grundlagen zu konzentrieren. Parken Sie alle gesammelten Informationen und stellen Sie eine simple Liste mit den Kernthemen auf. Dann versehen Sie diese mit einem spontanen Ja/Nein oder auch mit einer Bewertung in der Skala von eins bis zehn, die zeigt, wozu man tendiert. In unserem Beispiel könnte das so aussehen:

● jetzige Stelle kündigen	JA
● Selbstständigkeit	NEIN
● mit Chef reden	NEIN
● mit Kollegen reden	JA
● Auszeit	JA

Gerade wenn man sich sehr intensiv mit den Details beschäftigt, verliert man leicht die Grundlagen aus den Augen. Das Ausschlussverfahren oder Bewerten bringt einen da wieder auf Kurs.

O-Ton Anne: „Mir hilft bei schwierigeren Enscheidungen immer der Gedanke, dass ich, selbst wenn ich rein gar nichts mache und abwarte, damit auch eine Entscheidung getroffen habe, nämlich die, abzuwarten. Und das Abwarten bringt eh meist nichts – also kann ich doch besser mal meine Chancen nutzen und etwas tun. Wenn ich mich dann noch von der

Idee verabschiede, dass meine Entscheidung hundertprozentig perfekt sein muss, dann hab ich auch den Mut, mal etwas falsch zu machen. Ein Tipp zum ‚Üben': Jeden Tag mindestens zehn Fehler machen/falsche Entscheidungen treffen, dann merkt man, dass selbst bei falschen Entscheidungen nichts allzu Schimmes passiert."

Wenn die Entscheidung trotzdem schwer fällt

Es gibt immer wieder Situationen im Leben, in denen man nicht in die Gänge kommt. Man weiß, man sollte/müsste/will eigentlich etwas tun. Und doch gelingt es einem nicht recht, die Energie aufzubringen. Oder man hat einfach zu große Angst vor der Alternative. Was in dieser Situation auf keinen Fall hilft, ist, sich noch zusätzlichen Druck zu machen: Mit sich selbst zu schimpfen, enttäuscht oder mutlos zu werden, weil man sich nicht entschließen kann oder es mit der Umsetzung hapert.

Druck blockiert – Neugier hilft!

Sich selbst unter Druck zu setzen blockiert erst recht – und ist völlig unangebracht. Wenn sich der Druck noch dazu auf die Stimmung auswirkt, leidet oft genug auch das Umfeld darunter. Etwas, das wir uns von anderen wünschen und anderen bereitwillig geben, enthalten wir uns selbst plötzlich vor: Verständnis. Das bedeutet nicht, alles gutzuheißen oder einfach über alles hinwegzusehen. Es geht vielmehr darum, nett zu sich selbst zu sein und die Gründe für die Stagnation herauszufinden: auf konstruktive Art! Vielleicht kennen Sie das auch: Wenn ich eine Sache überhaupt nicht anpacke oder mich chronisch darum drücke, wenn etwas nicht so läuft, wie es soll, dann ist meist irgendetwas noch nicht stimmig für mich. Entweder habe ich eine reine Kopfentscheidung getroffen, aber mein Bauch grummelt. Oder der Weg ist schon richtig, doch es fehlen noch wichtige Details.

Seien Sie neugierig! Nehmen Sie Sackgassen und Lustlosigkeit zum Anlass, sich selbst zu sagen: „Da ist noch was. Irgendetwas scheint noch nicht zu passen. Aber was?" Machen Sie sich neugierig und interessiert auf die Suche.

Manchmal ist die Zeit noch nicht reif

Jede Situation, selbst eine, unter der wir leiden, hat etwas Vorteilhaftes an sich, sonst würden wir nicht darin verharren. Es ist manchmal wichtig, sich bewusst zu sagen: Ich habe momentan nicht die Kraft oder den Mut, etwas zu entscheiden. Lieber bleibe ich noch da, wo ich bin. Allein diese Einstellung verleiht mehr Kraft: Denn Sie nehmen sich und Ihre Bedenken ernst und entscheiden sich offen dafür, sich erst einmal nicht zu entscheiden. Geben Sie sich einen Zeitrahmen vor, der Ihnen erlaubt, erst einmal nichts zu tun und den Stand der Dinge später erneut zu prüfen. Noch besser ist es natürlich, wenn Sie sich dafür entscheiden, kleine Schritte zu machen: also zumindest einen bestimmten Teil Ihrer Entscheidung in die Hand zu nehmen.

Legen Sie Ziele bewusst auf Eis! Möchten Sie ein bestimmtes Ziel verfolgen, haben aber momentan keine Zeit, kein Geld oder keinen Nerv dafür, dann parken Sie es ganz bewusst: Gestehen Sie es sich zu, dass Sie das Ziel zwar grundsätzlich verfolgen, aber eben derzeit außen vor lassen. Dann quält Sie nicht der Gedanke „Ich wollte ja noch …“.

Einen schönen Tipp dazu habe ich einer Bekannten abgeschaut: das Zielebuch. Besorgen Sie sich ein leeres Buch im Schreibwarenhandel und notieren Sie dort Ihre Pläne und Ziele. Wenn Sie etwas erreicht haben, versehen Sie es mit einem Vermerk und dem Datum. Wenn Sie etwas noch nicht weiterverfolgt haben, ist es auch nicht schlimm: Es hat ja seinen Platz im Zielebuch. So geht Ihnen nichts verloren. Und es entsteht mit der Zeit ein interessantes Album darüber, was Sie noch machen möchten – und was Sie schon alles erreicht haben.

Es fehlen nötige Antworten

Fassen Sie immer klar in Worte, wo Sie hängen, wenn Sie sich nach wie vor noch nicht in der Lage fühlen, Ihre Entscheidung zu treffen. Die Hänger geben stets einen Hinweis darauf, was Sie brauchen, um Stellung zu beziehen. Oft kommt man noch am Schluss darauf, dass Informationen und Antworten fehlen. Nur wenn Sie wissen, wo genau das der Fall ist, können Sie sich gezielt darum kümmern. Es kann auch sinnvoll sein, für den unklaren Teilaspekt noch einmal komplett den Entscheidungsprozess zu durchlaufen.

Andere „Baustellen" klären

Häufig stellt sich auch heraus, dass es zunächst eine andere „Baustelle" zu besuchen gilt.

... Beispiel: Ein Mann hat seit zwei Jahren eine verheiratete Freundin. Er leidet unter dieser Situation und möchte seine Freundin natürlich gern „ganz" für sich haben. Mittlerweile geht es ihm so schlecht mit der Beziehung, dass er weiß, dass er sie beenden muss. Er fühlt sich jedoch nicht dazu in der Lage, weil er Angst davor hat, keine neue Partnerin zu finden. Ihm ist klar, dass er sich momentan nicht entscheiden kann, der Freundin den Laufpass zu geben. Zunächst will er sich um sich selbst kümmern und eine Therapie machen, um sein Selbstbewusstsein zu stärken und aktiv mit seinen Ängsten umzugehen.

Denken Sie konsequent zu Ende: Was passiert, wenn Sie die Entscheidung nicht treffen? Wenn Sie sie verschieben oder die Dinge einfach auf sich zukommen lassen? Wie geht es Ihnen damit? Was wären die Folgen? Was wäre das Schlimmste, was eintreten könnte?

Die Dinge reifen lassen

Der Rat „erst mal eine Nacht drüber zu schlafen" hat seine Berechtigung. Tatsächlich kann etwas Abstand von einer Entscheidung eine große Hilfe sein und viel Klarheit bringen. Keine Sorge: Wenn Sie etwas bewusst beiseite legen, beschäftigen Sie sich trotzdem damit. Der Entscheidungsprozess läuft praktisch im Hintergrund weiter. Empfehlenswert ist es also, sich nicht nonstop mit allem, was zur Entscheidung gehört, verrückt zu machen. Lassen Sie stattdessen nach einer Zwischenbilanz oder während des Abwägens die Sache einfach auch mal ruhen und reifen. Beim kreativen Schreiben gibt es folgende Methode: Man schreibt eine Problematik oder eine Fragestellung auf einen Zettel und legt ihn sich abends unter das Kopfkissen. Natürlich kommt die Antwort dann nicht per Erleuchtung.

Doch manchen Menschen nützt es, sich vor dem Schlafengehen auf einen Sachverhalt einzustimmen. Und dass wir uns nachts mit aktuellen Gegebenheiten und Gedanken auseinander setzen, kennen wir ja alle von unseren Träumen.

Visualisieren

Wenn Sie über eine gute Vorstellungskraft verfügen oder sich wunderbar in Gegebenheiten einfühlen können, hilft es Ihnen möglicherweise bei der Entscheidung, sich die verschiedenen Alternativen vorzustellen: Wie wäre das? Wie fühlt es sich an?

O-Ton Bettina: „Angenommen, ich habe 15 Minuten Zeit, eine kleine Tasche für eine Woche unterwegs zu packen. Da gibt's einige Dinge, die müssen mit, und andere, wo blitzschnell entschieden werden muss, zum Beispiel zwischen verschiedenen Lieblingsklamotten, weil nicht alles reinpasst. Bei der Entscheidung hilft mir dann sehr, die einzelnen Teile tatsächlich in die Hand zu nehmen und mir vorzustellen, wie sie sich angezogen anfühlen. Da läuft natürlich noch mehr ab: Wie kann ich was womit kombinieren, hab ich was für ‚gut', für Regen/kalt und so weiter."

So tun, als ob es um jemand anderen geht

Oft ist es kein Problem, jemand anderen gut zu beraten: Man erfasst sofort, was zu tun ist, spricht Mut zu oder mahnt zur Vorsicht. Ganz anders sieht die Sache aus, wenn es um einen selbst geht. Denn dann ist man emotional ungleich stärker beteiligt. Diese Situation kennt wohl jeder, und das ist auch völlig normal. Während man sich bei Fragen/Problemen anderer ganz auf den Inhalt konzentrieren kann, schwirrt einem als Beteiligter der Kopf. Außerdem: Wenn man anderen etwas rät, ist man für die Umsetzung nicht verantwortlich.

Für Ihre eigene Entscheidung kann es eine große Hilfe sein, so zu tun, als wären Sie nicht direkt betroffen. Fragen Sie sich also: Was würde ich einer Person raten, die diese oder jene Entscheidung zu treffen hat? Sie können sich dabei auch eine Person vorstellen, die Sie kennen: Wenn Helga das Problem hätte, was würde ich ihr empfehlen, wie sie vorgehen kann, um eine gute Entscheidung zu treffen? Das ergibt zwar keine sofortige Lösung, hilft aber, einen anderen Standpunkt einzunehmen – und etwas Distanz zu bekommen. Man kennt das übrigens auch vom Schreiben: Es gibt Menschen, die in der dritten Person viel offener und klarer über sich schreiben können, als wenn sie die Ich-Form wählen.

Standpunkt beziehen!

Mit jeder Entscheidung beziehen Sie einen klaren Standpunkt in Ihrem Leben. Auch mit der Entscheidung, sich nicht zu entscheiden. Dabei wird es immer wieder Fragen geben, deren Beantwortung Ihnen leicht fällt, und solche, mit denen Sie sich eben schwer tun. Es klingt banal, doch manchmal muss man im Leben Dinge einfach aushalten. Selbst wenn sich eine Entscheidung rückblickend nicht als das Gelbe vom Ei herausstellen sollte – Sie haben Ihre Wahl getroffen! Allein das sollten Sie als persönlichen Erfolg verbuchen. Und Sie wissen ja: Wenn Sie sich überlegt mit einer Sache auseinander gesetzt haben, ist es auf jeden Fall eine für Sie und zu diesem Zeitpunkt richtige Entscheidung.

▸ **Übung:** Lernen Sie auch daraus, wie Sie Ihre Entscheidungen treffen! Eine witzige und lehrreiche Sache ist es, sich bei größeren Entscheidungen selbst einen Brief zu schreiben: Schildern Sie die Entscheidung, wie leicht/schwer Ihnen der Entscheidungsprozess gefallen ist und was Sie sich dabei denken; spekulieren Sie, wie es damit weitergehen wird. Lassen Sie diesen Brief liegen und lesen Sie ihn erst ein Jahr später wieder. Oder geben Sie ihn einem zuverlässigen Freund, der Ihnen den Brief nach einem Jahr per Post zuschickt!

Gefühlsmäßige Entscheidungen sind völlig okay!

An verschiedenen Stellen dieses Kapitels haben wir dem Bauch eine klare Stimme gegeben. Wenn Ihre Entscheidung – allen Fakten zum Trotz – intuitiv völlig anders ausfällt, dann stehen Sie bitte dazu! Eine gefühlsmäßige Entscheidung ist genauso okay und ernst zu nehmen wie irgendwelche belegbaren Fakten. Sie brauchen sich und Ihre Entscheidungen vor niemandem zu rechtfertigen. Wichtig ist, dass Sie dahinter stehen und Ihre Wahl vor sich selbst und vor anderen vertreten!

O-Ton Evi: „Mein Tipp ist: Mach, was dein Gefühl sagt, dann wird's schon irgendwie werden. Denn shit happens sowieso. Und wenn das der Fall ist, ist meine Devise immer: Für irgendwas wird's schon gut gewesen sein."

> *Es ist besser, unvollkommene Entscheidungen durchzuführen, als ständig nach vollkommenen Entscheidungen zu suchen, die es niemals geben wird.*
>
> Charles de Gaulle

5. ... und jetzt Action!

Ihre Entscheidung haben Sie getroffen, jetzt heißt es sie umzusetzen. Denn nicht immer ist es mit einem Ja oder Nein getan – viele Entscheidungen sind komplexer und erfordern Aufwand, zum Beispiel in Form von

- Zeit,
- Geld,
- Energie,
- Ausdauer
- und idealerweise: Leidenschaft.

Entscheiden allein reicht nicht: Auf die Umsetzung kommt es an!

In dem Moment, wo man eine Entscheidung getroffen hat, geht es einem in der Regel sehr gut. Man ist erleichtert oder fühlt sich gar voller Elan. Das gilt auch dann, wenn es sich um Situationen handelt, in die man ungewollt hineingeraten ist (z. B. Arbeitslosigkeit, Trennung vom Partner) oder die man als sinnvoll erachtet, obwohl man den Status quo am liebsten nicht verändern würde (z. B. ein Umzug wegen besserer Arbeitschancen). Der Clou ist, dass Sie im Moment des Entscheidens wieder die Zügel in die Hand nehmen. Sie bringen die Sache zu einem ersten – oft zunächst nur gedanklichen – Abschluss. Und damit beziehen Sie Stellung: Ich entscheide mich für X. Die Kraft, die Ihnen daraus erwächst, sollten Sie positiv für sich nutzen. Denn mit dem guten Gefühl der Selbstverantwortung und dem Auftrieb, den Sie durch das Entscheiden bekommen, fällt die Umsetzung noch viel leichter.

Ich spreche in diesem Kapitel mehr von „Zielen“ als von „Entscheidungen“, weil es nun darum geht, darauf hinzuarbeiten, dass Sie das, wofür Sie sich entschieden haben, auch verwirklichen können. Es wird Ihnen leichter fallen, Ihre Ziele zu erreichen, wenn Sie folgende Bereiche beachten:

MOTIVATION:	das Warum überprüfen
GEWINN:	sich auf das Positive fokussieren
REALISTISCH SEIN:	Ziele und Zeitplan sind machbar
KONKRETISIEREN:	alle Aspekte greifbar machen
FORTSCHRITTE SICHTBAR MACHEN:	Zwischenerfolge definieren und wahrnehmen
MIT FREUDE DRANBLEIBEN:	niemals etwas erzwingen

Motivation – das Warum überprüfen

Natürlich ist es wichtig, sich von vornherein mit den eigenen Gefühlen und Bedürfnissen auseinander zu setzen und nicht erst am Ende des Entscheidungsprozesses, wenn die Würfel quasi gefallen sind. Meine Erfahrung zeigt jedoch, dass man nach einer getroffenen Entscheidung und vor ihrer Umsetzung noch einmal die eigene Motivation – das Warum – gründlich abklopfen sollte. Denn es kann durchaus sein, dass man im Lauf des Entscheidungsprozesses vom eigenen Kurs abgekommen ist. Oder auch die eigentliche Motivation falsch eingeschätzt beziehungsweise nicht genügend beachtet hat. Übrigens nützt Ihnen der Check doppelt: Sie finden entweder heraus, wo es hakt, oder dass die getroffene Entscheidung für Sie womöglich doch noch nicht der Weisheit letzter Schluss ist. Oder aber Sie erhalten zusätzliche Bestätigung und gewinnen dadurch doppelten Schub fürs Aktivwerden.

... Beispiel: Sie sind unzufrieden mit Ihrer Figur und würden gern ein paar Kilo weniger auf die Waage bringen. Sie haben sich dafür entschieden, weniger zu essen und joggen zu gehen. So weit, so gut. Bevor Sie sich nun einen Plan schmieden, wie Sie dieses Ziel erreichen, empfiehlt es sich, noch einmal kurz bei der Ausgangsfrage einzuhaken: „Wieso bin ich unzufrieden mit meiner Figur?" Vielleicht stellt sich heraus, dass Sie glauben, Ihr Leben wäre schöner („unbeschwerter"), nachdem Sie abgenommen hätten, und Sie würden leichter Ihren Traumpartner kennen lernen. Wenn Sie also mit sich selbst hadern, unzufrieden sind und glauben, dass sich allein durch den Gewichtsverlust alles in Wohlgefallen auflöst, können Sie sich ziemlich auf dem Holzweg befinden.

Fragen Sie sich, bevor es an die Umsetzung geht:

- **Was möchte ich?**
- **Warum möchte ich das gern?**
- **Was erhoffe ich mir davon?**
- **Ist mir das Ergebnis den entsprechenden Aufwand wert?**

Seien Sie bitte ehrlich zu sich selbst! Ich begegne immer wieder Leuten, die eine Entscheidung getroffen haben, mit der sie nicht wirklich zufrieden sind. Bevor Sie sich mit einem Ziel belasten, das Ihnen zu viel Mühe bedeutet, gar nicht dem entspricht, was Sie wirklich wollen, oder Ihr eigentliches Anliegen/Problem nicht lösen kann – ist es besser, noch einmal von vorn zu beginnen, statt Ihrer Entscheidung auf Biegen und Brechen zu folgen, obwohl Sie insgeheim längst wissen, dass sie in die falsche Richtung führt.

Erlauben Sie sich immer eine Kurskorrektur. Wie Nietzsche sagte: „Der denkende Mensch ändert seine Meinung."

Manchmal kommt es vor, dass man bereits längere Zeit ein bestimmtes Ziel im Hinterkopf hat, etwa weil man eine bestimmte Sache schon immer gern anpacken wollte, weil das Ziel früher aktuell für einen war oder auch weil man eine fremde Meinung ungefragt übernommen und beibehalten hat.

... Beispiel: Als die damals 20-Jährige eine Ausbildung zur Steuerfachgehilfin begann, setzte sie sich das Ziel, anschließend den Bilanzbuchhalter zu machen. Fast zehn Jahre später – sie ist mittlerweile Controllerin in leitender Funktion in einem Medienkonzern –, nimmt sie dieses Ziel in Angriff und merkt kurz nach Beginn der Fortbildung, dass es nicht mehr wichtig für sie ist: „Mir wurde ziemlich schnell klar, dass ich überhaupt keinen Grund hatte, den Bilanzbuchhalter zu machen. Das war immer so mein altes Ziel: Ich wollte auf meiner Ausbildung aufbauen, was dazulernen und mich so weiterentwickeln. Allerdings habe ich mich in der Firma die ganzen Jahre über konstant weiterentwickelt, auch ohne den Bilanzbuchhalter. Da wurde mir dann bewusst, dass ich diesen Abschluss gar nicht mehr anstrebe. Das, was ich damals damit verbunden hatte, gab's nicht mehr."

Ziele verändern sich, Ihre Interessen auch. Was früher wichtig für Sie war, ist vielleicht heute nur noch ein drängelnder Gedanke, der einfach nie umgesetzt wurde. Am besten überprüfen Sie alte Ziele, indem Sie sich wieder mal in Ruhe hinsetzen und Ihr Verhältnis zu ihnen ausloten.

Gewinn – sich auf das Positive fokussieren

Eine der größten Bremsen bei der Umsetzung von Entscheidungen ist es, wenn man sich nur auf die Anstrengung oder die Ängste konzentriert – also auf das, was man nicht gern macht oder vor dem man eine Scheu hat. Leider werden diese Nachteile oft so übermächtig, dass man die Pluspunkte und den Gewinn schnell aus den Augen verliert – und dadurch Motivation und Energie einbüßt. Und wer kraft- und lustlos ist, kann nicht ausdauernd sein. Ausdauer wiederum ist der zentrale Erfolgsfaktor, wenn Sie sich aktiv weiterentwickeln möchten. Es geht also darum, sich seinem Ziel positiv zu nähern. Bitte nicht verwechseln mit Rosarote-Brille-Denken!

▸ **Übung:** Nehmen Sie sich eine Sache aus Ihrem Alltag vor. Das kann der Besuch im Fitnessstudio sein oder die berufliche Weiterbildung et cetera. Nun schreiben Sie sich alle negativen Dinge dazu auf.

Besuch im Fitnessstudio: Negativ daran ist

- die Hetze nach der Arbeit, da noch hinzufahren,
- das Mitschleppen der Sportsachen,
- das Gedränge in der Umkleide,
- dass die Trainerin vielleicht nicht da ist und von jemandem vertreten wird, den ich nicht mag,
- dass es mir keinen Spaß macht, wenn es zu voll ist,
- dass ich noch gar nicht richtig mitkomme, sicher wieder alle Übungen vorher abbrechen und Pausen machen muss,
- dass ich danach verschwitzt bin und meine Haare waschen muss,
- dass ich erst so spät heim komme
- …

Wow! Stellen Sie sich vor, Ihnen gehen jedes Mal vor dem Sport derlei Gedanken durch den Kopf. Kein Wunder, wenn Sie nicht hingehen oder das Training immer in Zwang ausartet.

Machen Sie nun ein Brainstorming, was alles positiv ist und für den Besuch im Fitnessstudio spricht:

- Nach dem Sport bin ich richtig fit, auch wenn ich vorher keine Lust hatte.
- Diese Stunde mache ich besonders gern, die Trainerin hat auch immer gute Musik, die mich antreibt.
- Die Leute im Studio sind eigentlich alle nett/gute Atmosphäre.
- Ich fühle mich ausgeglichener durch die Bewegung und auch weniger gestresst, wenn ich mich nach der Arbeit auspowern kann.
- Ich bin schon stolz auf mich, wenn ich ins Studio gegangen bin.
- Jede Stunde bringt mich meinem Ziel näher: einen strafferen Körper und mehr Kondition zu haben.
- …

Mit diesen Gedanken steigt die Lust, ins Fitnessstudio zu gehen, erheblich, nicht wahr? Und Sie sehen: Es handelt sich durchweg um realistische, „echte" Gründe und nicht um Zweck-Optimismus. (Übrigens nichts gegen Zweck-Optimismus, der kann durchaus auch hilfreich sein!)

Diese Übung enthält übrigens nicht nur eine Negativliste, um die unterschiedliche Wirkung zu verdeutlichen. Tatsächlich bitte ich Sie darum, sich immer auch aktiv mit den für sie negativen (beschwerlichen) Aspekten zu beschäftigen. Denn vieles davon lässt sich lösen: Wer beispielsweise fürchtet, dass eine Vertretung im Studio ist, kann vorher anrufen und sicherstellen, dass die Trainerin auch kommt. Wer bei Übungen nicht durchhält, weil die Hanteln zu schwer sind, kann diese einfach weglassen und erst mal mit Eigengewicht trainieren. Wer sich immer abhetzt, kann sich darauf konzentrieren, hierfür eine Lösung zu finden: Entweder mit dem Chef vereinbaren, dass Sie an Sporttagen auf jeden Fall pünktlich oder auch mal zehn Minuten früher gehen können. Oder sich umhören, ob in diesem – oder einem anderen Fitnessstudio – ein etwas späteres Training möglich ist.

Beziehen Sie alle Aspekte einer Sache mit ein. Überlegen Sie sich Lösungen zu negativen Punkten. Auch wenn nicht immer eine Ideallösung winkt, kann man doch vieles verbessern. Halten Sie sich vor Augen, was es an positiven Auswirkungen und an Gewinn gibt, wenn Sie dabei bleiben!

Wenn Sie jemand sind, der nur auf das Negative guckt, dann schauen Sie bitte noch etwas genauer hin: Es kann nämlich durchaus sein, dass etwas ganz anderes dahinter steckt. Manchmal ist es die Befürchtung, etwas nicht zu schaffen (die Endprüfung einer Weiterbildung), manchmal Unsicherheit (ich kann das nicht/nicht gut genug), manchmal auch ein kritisches Umfeld (jeder mischt sich ein, drum mach ich lieber gar nichts).

Realistisch sein – Ziele und Zeitplan sind machbar

Das größte Hindernis auf dem Weg zu einem Ziel ist es, nicht realistisch zu sein. Da hat jemand sein ganzes Leben lang nicht auf die eigenen Bedürfnisse geachtet, kann nicht Nein sagen und verkündet: Ab heute setze ich klare Grenzen! So geht's doch nicht. Oder würde sich jemand vornehmen: Ich lerne jetzt Gitarre, und erwarten, es ab morgen zu können? Natürlich nicht.

- Das Ziel muss erreichbar sein.
- Der Zeitplan muss realistisch sein und darf keinen Stress verursachen.

Das Ziel muss erreichbar sein

Hier geht es ganz allgemein darum, dass das Ziel im Bereich des Möglichen liegt. Also nicht damit verwechseln, wie Sie selbst es einschätzen oder welche Hindernisse Sie selbst vor sich sehen. Grundsätzlich möglich ist tatsächlich sehr vieles. Wichtig ist hier, dass

- keine grundlegende Vorschrift oder Ähnliches das Erreichen des Zieles ausschließt („Ich will Präsident der Vereinigten Staaten werden, bin aber kein amerikanischer Staatsbürger") und dass
- Sie bereit sind, die Grundvoraussetzungen zu erfüllen („Ich will Chirurg werden, aber nicht studieren").

Ich gehe davon aus, dass auch Ihre Ziele grundsätzlich erreichbar sind. Anhand des zweiten Punktes sehen Sie allerdings, wie wichtig es ist, sich damit auseinander zu setzen, was Sie bereit sind, dafür zu tun. In der Regel sind Ziele und Erfolge mit Ausdauer und Schweiß verbunden! Oder wie man so schön sagt: Von nichts kommt nichts. Klingt banal. Aber sehen Sie sich einmal um: Viele Menschen möchten zwar etwas erreichen, aber sich nicht wirklich anstrengen, sondern das Ergebnis genießen. Und wer möchte das nicht? Vier Sprachen sprechen können: Toll! Sich hinsetzen und Vokabeln und Grammatik dafür zu pauken: Oh …

Die Latte für ein Ziel ist manchmal sehr hoch gehängt. In der Regel liegt es an einem selbst, wie weit man geht beziehungsweise welchen Aufwand man auf sich nimmt.

Sie sind bereit, in Ihr Ziel zu investieren (immerhin haben Sie sich entschieden, es zu verfolgen)? Wunderbar, dann möchte ich Ihnen, bevor wir uns ans Konkretisieren und Formulieren Ihres Zieles machen, ans Herz legen, immer einen Plan A und Plan B parat zu haben! Manchmal strebt man etwas an, das man in der idealen Form nicht ohne weiteres erreichen kann. Vielleicht ist es Ihr Ziel, eine Familie zu gründen, vier Kinder zu haben und ein Haus zu bauen. Sie sind jedoch Single. Dann gehören zu Ihrem Plan A die Familie und das Haus. Zunächst ist es jedoch wichtig, den passenden Partner für sich und Ihre Pläne zu finden. Oder Sie möchten sich gern selbstständig machen, sehen momentan aber keine Möglichkeiten, weil Sie weder finanzielle Rücklagen haben, noch sich so richtig im Klaren sind, was Sie anbieten wollen. Außerdem ist Ihr Kind noch zu klein für den Kindergarten. Dann ist das Fernziel (Plan A) die Selbstständigkeit, das Nahziel (Plan B) jedoch, sich klarer darüber zu werden, wie die Selbstständigkeit konkret aussieht und was Sie an rechtlichen und finanziellen Dingen beachten müssen. Das System ist auf jeden Bereich und alle Ziele übertragbar:

- Plan A ist Ihr Idealziel.
- Plan B kommt dem Ideal nahe oder bedeutet einen Schritt darauf zu.

Durch Alternativziele bleiben Sie beweglich. Und es passiert Ihnen nicht, dass Sie mutlos werden, wenn Ihr Ziel in weiter Ferne liegt oder zum jetzigen Zeitpunkt Ihnen selbst noch zu groß und schwierig erscheint. Es ist wichtig, sich die Dinge so vorzunehmen, dass sie auch erreichbar sind. Wer bisher „keine Zeit“ hatte, sich gesund zu ernähren, und von Fastfood lebte, wird nicht ab nächsten Mittwoch der bewusst einkaufende und selbst kochende Vollwertköstler werden. Und doch werden Ziele häufig derart unrealistisch gesteckt … und dann nach dem ersten Elan schnell wieder gekippt. Wir kommen später im Abschnitt „Konkretisieren“ darauf zurück.

Der Zeitplan muss realistisch sein und darf keinen Stress verursachen

Auch mit der Zeit verschätzen sich viele Leute ganz gewaltig: Da nimmt man sich Ziele vor, die in der geplanten Zeitspanne gar nicht machbar sind, oder lässt den ganz normalen Alltag völlig außer Acht.

... Beispiele:

- Eine arbeitslose Beraterin macht sich selbstständig. Sie hat bisher überhaupt keine Informationen über rechtliche und finanzielle Erfordernisse/Planung, sie weiß nicht, was genau sie anbieten wird und zu welchen Konditionen. Sie hat weder Strategie noch Unternehmensauftritt. Sie gibt sich für die gesamte Planung vier Wochen Zeit.
- Ein Sachbearbeiter braucht verhandlungssicheres Englisch, hat aber nur Schulkenntnisse, die fünfzehn Jahre alt und sehr dürftig sind. Durch einen wöchentlichen abendlichen Sprachkurs will er in einem halben Jahr „fit" sein.
- Der größte Wunsch des Mittvierzigers ist es, endlich einen eigenen Roman zu veröffentlichen. Er nimmt sich vor, jeden Tag fünf Seiten daran zu schreiben, nimmt aber ansonsten keine Veränderungen in seinem Alltag vor: Nach den Überstunden im Job noch schnell ein bisschen mit den Kindern spielen, dann zum Sport oder in den Verein, wo er ehrenamtlich die Mitgliederbetreuung macht. Abends um halb zwölf fällt er todmüde auf die Couch. An Schreiben ist gar nicht zu denken.
- Die Hausfrau und Mutter erklärt sich bereit, für einen Bekannten eine Website zu erstellen. Das hat sie zwar noch nie gemacht, aber der Bekannte meinte, es sei in fünf, sechs Stunden locker erledigt. Tatsächlich stellt es sich für sie als wesentlich aufwändiger heraus: Damit hatte sie nicht gerechnet und kommt zeitlich ins Schleudern.

Wie realistisch ein Zeitplan ist, hängt davon ab,

- wie Ihr momentaner Alltag aussieht,
- wie gut Sie sich selbst einschätzen können (Motivation, Dranbleiben, Kenntnisse und Fähigkeiten) und
- ob Sie genug Informationen haben, die Sache richtig einzuschätzen.

Ausschlaggebend sind schließlich die Zwischenziele, die Sie sich stecken können, um gut voranzukommen. Darauf kommen wir gleich.

In puncto Zeitplanung gilt: Wenn dem nichts entgegensteht (etwa eine feste Deadline o. Ä.), gönnen Sie sich eine großzügige Planung und setzen Sie sich keinesfalls zeitlich unter Druck.

Das gilt auch für mehrere Ziele: Nehmen Sie sich lieber eines richtig vor, verfolgen Sie es fokussiert. Freuen Sie sich, wenn Sie es erreicht haben. Und danach kommt das Nächste. Natürlich gibt es Ausnahmen, wenn einmal etwas parallel geschehen muss. Dann ist es auf jeden Fall wichtig, diese Anliegen separat durchzuplanen, und nicht, wie das häufig geschieht, alles in einen Topf zu werfen. Wer sich übernimmt, läuft Gefahr, das gesamte Ziel zu verfehlen. Oder aber es artet in Zwang und Quälerei aus. Dabei verfolgen Sie Ihre Ziele ja, um sich etwas Gutes zu tun!

Konkretisieren – alle Aspekte greifbar machen

Sie kennen das mittlerweile schon: Konkret werden ist wichtig, denn es erleichtert Ihnen, am Ball zu bleiben. Das geht beim Formulieren Ihres Zieles bereits los. Sie haben sich viele Gedanken gemacht, Informationen gesammelt, abgewogen und sich entschieden. Je intensiver Sie das getan haben, desto genauer wissen Sie, welche Aspekte zu Ihrem „Endziel" gehören. Entsprechend können Sie sich nun ganz konkret vornehmen, was Sie im Einzelnen erreichen möchten – und was alles dazugehört. Viele einmal getroffenen Entscheidungen werden deshalb nur halbherzig umgesetzt, weil sie schwammig formuliert sind. Wer nur sagt „ich muss mich mehr bewegen" oder „ich will souveräner werden", kann die eigenen Ziele nicht greifen und somit nicht erreichen. Denn was heißt denn „mehr", was heißt „bewegen" für Sie, was bedeutet „Souveränität" für Sie konkret? In welchen Situationen möchten Sie souveräner sein, und wie würden Sie dann sein?

So formulieren Sie Ihre Ziele realistisch und konkret

Nehmen Sie sich immer nur ein Ziel vor – gehen Sie dabei vom Endziel aus: Stellen wir uns vor, Sie möchten Ihrem Leben einen neuen Dreh geben und planen einen Umzug sowie einen beruflichen Wechsel. Dann machen Sie zwei völlig separate Zielformulierungen und -planungen.

Konkretisieren Sie das Ziel, so weit es geht:
Angenommen, Sie möchten sich beruflich verändern. Das wäre nicht konkret genug. Denn es heißt lediglich, dass Sie sich neu orientieren wollen. Geht es nun darum, zwischen angestellt und selbstständig zu wechseln? Möchten Sie in der Branche bleiben? Geht es um eine neue Tätigkeit? Um welche genau? Was ist Ihnen wichtig bei der Arbeit?

Die ganze Vorarbeit, die Sie anhand der vorherigen Kapitel geleistet haben, kommt nun zum Tragen. Wenn Sie beim Formulieren Ihres Zieles noch immer ins Schleudern geraten, sind Sie im Vorfeld zu wenig ins Detail gegangen. Beachten Sie, in welchem Bereich Sie Schwierigkeiten mit dem Konkretisieren haben, und arbeiten Sie diesen Teil mittels der Werkzeuge ab Seite 127 noch einmal genau durch. Konkret wäre beispielsweise:

- Innerhalb von zwölf Monaten möchte ich einen neuen Job.
- Ich will im Vertrieb bleiben, aber eine Führungsaufgabe übernehmen (zu Anfang mit Personalverantwortung für maximal fünf Leute).
- Wichtig ist mir eine international tätige Firma, sodass ich meine Sprachkenntnisse einsetzen und auch mal fremde Niederlassungen besuchen kann.
- …

Der erste Teil der Konkretisierung ist also eine Art Wunschliste – Ihr Ideal. Machen Sie sich nun auch direkt klar, was „Muss-“ und was „Kann“-Kriterien sind, wenn Sie Ihr ideales Ziel beschreiben, und in welchen Bereichen Sie gern Kompromisse eingehen. Nun haben Sie bereits einen kleinen Fahrplan, worauf Sie achten müssen und wo es vielleicht noch Defizite gibt.

Der nächste Teil des Konkretisierens betrifft die untergeordneten Ziele beziehungsweise die Schritte, die dem Endziel vorgeschaltet sind. Empfehlenswert ist es, in diesem Stadium Ihrer Zielplanung zunächst wieder ein Brainstorming zu machen: Was fällt Ihnen beim Anblick Ihrer „Wunschliste" alles ein, das Sie tun müssen, um die einzelnen Bereiche zu erfüllen. Eine gute Methode dafür ist das Mind Map (siehe Seite 129).

Denken Sie möglichst breit und erst einmal auch gern durcheinander: vom Zusammenstellen Ihrer Bewerbung über die Recherche von Unternehmen, mögliche interessante Branchen bis zum Aufpolieren Ihrer Französisch-Kenntnisse. Selbstredend ist es auch dann wieder wichtig, diese Überlegungen zu konkretisieren (was gehört alles zum Zusammenstellen meiner Bewerbung, was genau meine ich mit Aufpolieren etc.?).

Formulieren Sie Ihr Ziel am besten positiv:
Über die Frage, ob man Ziele positiv oder negativ ausdrücken soll, herrscht beinahe ein Glaubenskrieg. Oft wird geraten, auf jeden Fall positiv zu formulieren, manchmal mit der Begründung, das Gehirn kenne kein „Nein". Ich persönlich finde es einfach motivierender, sich etwas vorzunehmen, das man anstrebt, anstatt dessen Gegenteil im Kopf zu behalten. Letztlich ist das aber Geschmackssache. Wenn Sie sich nicht sicher sind, was für Sie am besten funktioniert, dann testen Sie doch beide Varianten.

Wenn es Sie mehr motiviert, sich vor Augen zu halten, dass Sie Ihren jetzigen Job kündigen und die ungeliebte Firma verlassen, warum nicht? Probieren Sie trotzdem alternativ aus, wie es ist, wenn Sie sich vornehmen: Nächstes Jahr um diese Zeit möchte ich einen neuen Job haben und jeden Tag gern in die Firma gehen.

Sie haben bei jeder Veränderung die Wahl, sich von etwas weg- oder zu etwas hinzubewegen. Entscheiden Sie, was für Sie besser ist.

Verzichten Sie auf müsste/könnte/sollte:
Jetzt geht's ans Worteklauben. Ich empfehle Ihnen, in Ihrer Zielformulierung auf Konjunktive wie müsste/könnte/sollte zu verzichten. „Müssen" tut niemand gern etwas. Da macht es auch keinen Unterschied, ob Sie

sich selbst unter Druck setzen. „Könnte" ist sehr vage … und lädt direkt dazu ein, das Ziel aus dem Fenster zu werfen. Sie kennen das vielleicht: „Ich könnte mal …" Das ist nichts Halbes und nichts Ganzes. „Sollte" ist eine Mischung aus beidem – entweder ein Vorwurf, oder etwas, das man tun könnte.

Manche Leute fühlen sich am wohlsten, wenn sie so formulieren, als hätten sie das Ziel bereits erreicht („Nächstes Jahr um diese Zeit habe ich einen neuen Job und gehe jeden Tag gern in die Firma„). Das wird übrigens in vielen Ratgebern empfohlen und gibt offenbar zusätzlichen Auftrieb, das Ziel zu verfolgen. Doch nicht jeder kann mit dieser Art etwas anfangen: Vielleicht erscheint es Ihnen unrealistisch oder irgendwie „falsch", so absolut von der Zukunft zu sprechen. Dann ist „möchte" oder „kann" sicherlich die bessere Wahl. Halten Sie es ganz so, wie Sie wollen: Wählen Sie auch hier die Formulierung, die Ihnen am besten gefällt und für Sie funktioniert. Probieren Sie einfach verschiedene Varianten aus und sagen Sie sich laut vor. Dann spüren Sie, was sich richtig anfühlt.

Bringen Sie es auf den Punkt:
Schreiben Sie Ihre Ziele, Teilziele und Aktionspunkte sauber gegliedert und in Stichpunkten auf. Ziehen Sie also aus Ihren Notizen noch einmal die Essenz heraus. Ideal ist es, eine übersichtliche Gliederung zu machen. Ich habe schon gesehen, dass Menschen ihre Zielpläne total ausformuliert haben, sodass mehrseitige Abhandlungen in Fließtext herauskamen. Eine solche Langfassung hilft sicher beim Ordnen und Zusammenfassen der eigenen Gedanken und Pläne. Doch als „Fahrplan" zu Ihrem Ziel ist sie ungeeignet.

Machen Sie sich den Gewinn bewusst und lassen Sie ihn in die Zielformulierung mit einfließen:
Im Beispielsatz „… und gehe gern in die Arbeit" ist sie bereits enthalten – eine Formulierung über den Gewinn, der für Sie im Vordergrund steht. Wenn jemand sehr unzufrieden ist, morgens ungern aufsteht und sich in die Firma zwingt, kann der Ausblick darauf, gern in die Arbeit zu gehen, ein riesiger Antriebsfaktor sein. Damit wirkt die Aussage viel stärker, als wenn sie sich nur auf den beruflichen Wechsel bezieht.

Entwerfen Sie auf Basis der Zielformulierung einen Aktionsplan:
Nun heißt es, Ihre Überlegungen und Teilziele in Form zu bringen. Auf Seite 193 finden Sie das Muster für einen Aktionsplan.

Setzen Sie sich Termine:
Zum Konkretisieren Ihres Zieles gehört auch, dass Sie sich Termine setzen: Bis wann habe ich was erreicht? Was erledige ich wann – und in welcher Reihenfolge? Eine sehr hilfreiche Vorgehensweise ist es, zurückzurechnen: Sie legen einen Zeitpunkt fest, bis zu dem Sie Ihr Endziel erreicht haben möchten. Bei einer komplexeren Angelegenheit bringen Sie die nötigen Teilschritte zum Ziel in die richtige Reihenfolge. Rechnen Sie nun von Ihrem Termin rückwärts, was bis wann erledigt sein muss, damit Sie den Zeitpunkt einhalten können. Auf diese Weise sehen Sie schnell, ob Sie gut planen und realistisch mit der Zeit umgehen oder ob der Termin vor- beziehungsweise zurückverlegt werden sollte. Die gesetzten Termine dienen Ihnen auch direkt als Erfolgskontrolle und als Anlass, Ihre erreichten Teilziele zu feiern. Dazu gleich noch mehr.

Ziele, die man ewig vor sich herschiebt und bei denen man nicht wirklich etwas tut, um sie zu erreichen, können ganz schön belasten! Meist erkennt man sie schon an der Formulierung „Ich wollte ja noch" oder „Ich müsste mal (wieder) die Ablage machen / mit dem Joggen beginnen / mein Englisch aufpolieren …"

Kommt Ihnen das bekannt vor? Völlig normal: Irgendein Ziel hat man praktisch immer, das man vor sich herschiebt – ob nun privat oder beruflich. Lassen Sie sich nicht von diesen unerledigten Zielen bedrängen. Auch hier ist es angesagt, hin und wieder zu entrümpeln und neu zu sortieren, was aktuell und was Ihnen wirklich wichtig ist.

- Schreiben Sie das Ziel auf (möglichst konkret).
- Fragen Sie sich in Ruhe: Ist Ihnen das Ziel wirklich wichtig? Warum woll(t)en Sie es erreichen? Was ist Ihre Motivation?
- Was haben Sie in der Vergangenheit unternommen, um dem Ziel näher zu kommen (mit welchem Erfolg)?

- Wenn Sie mehrere Anläufe gemacht haben: Was hat Sie davon abgebracht? Wo und warum sind Sie stecken geblieben beziehungsweise haben Sie „schlapp gemacht"?
- Ziehen Sie ein Fazit: Ist das Ziel nicht mehr aktuell – Ballast abwerfen! Ist es nach wie vor wichtig – priorisieren, wie wichtig und in welchem Zeitrahmen.
- Wenn das Ziel noch aktuell für Sie ist: Was müsste sein/was brauchen Sie, um diesmal am Ball zu bleiben?

Fortschritte sichtbar machen – Zwischenerfolge feiern

Auch vermeintlich einfache Entscheidungen werden leichter umsetzbar, wenn man sie in Teilziele aufschlüsselt. Ein ganz banales Beispiel: Sie sind unzufrieden mit dem Zustand Ihrer Wohnung. Eigentlich möchten Sie alles ausmisten und sauber machen und sich so einen viel angenehmeren Lebensraum schaffen. Bisher haben Sie sich das zwar immer mal vorgenommen und alle möglichen Pläne gefasst, wie Sie es angehen wollen. Doch umgesetzt haben Sie nichts. Nun ist „Wohnung ausmisten und sauber machen" sehr unspezifisch. Wenn Sie das in Teilziele aufsplitten, wird es viel greifbarer für Sie. Sie können beispielsweise die Wohnung aufteilen in die einzelnen Räume und wiederum aufschlüsseln, was sie dort jeweils machen möchten et cetera. Der Vorteil ist, dass Sie dann auch kleinste Schritte unternehmen können. Also sich entweder ein Zimmer komplett vornehmen oder erst mal nur ein einziges Regal. Und das können Sie bereits von Ihrer Liste streichen: Denn Sie haben den ersten Schritt auf Ihr Ziel zu gemacht!

Definieren Sie sich zu Ihrem Ziel wichtige Zwischenerfolge (so genannte „milestones"): Was sind für Sie zentrale größere Punkte, die Sie auf dem Weg zu Ihrem Endziel erreichen möchten? Diese Etappen dienen Ihnen gleichzeitig zur Erfolgskontrolle: Was habe ich erreicht? Bin ich da, wo ich sein will beziehungsweise muss, wenn ich meinen Zeitplan einhalten möchte?

Egal, wie Ihr Ziel lautet: Machen Sie die Fortschritte immer sichtbar. Hier einige bewährte Werkzeuge, wie Sie das tun können:

Die To-do-Liste

Die To-do-Liste eignet sich gut für einfachere Ziele (wenn es komplexer wird, empfiehlt sich der Aktionsplan; siehe Seite 193). Dabei schlüsseln Sie jeden Schritt auf, der Sie zum Ziel führt. Brechen Sie auf jeden Fall auf Teil-Aktivitäten herunter, sonst wird die To-do-Liste leicht zur Falle: Man kann die einzelnen Aktionsschritte nämlich weder genau einschätzen noch greifen, wenn sie zu komplex sind. Und: Sie haben kaum Erfolgserlebnisse, wenn Sie immer nur große Bereiche bearbeiten. Bei der To-do-Liste sind Sie in der Form natürlich völlig frei. Praktisch ist es, sich ein Klemmbrett zu besorgen. Ich empfehle auch, mit Bleistift zu schreiben. So kann man nach getaner Arbeit den Punkt direkt wegradieren – und die Arbeit wird vor den Augen weniger. Wenn Sie aber lieber ausstreichen, um zu sehen, was alles vorher da war, machen Sie das. Allerdings wird die Liste auf Dauer unübersichtlich.

Pain-to-Power-Chart

Die amerikanische Autorin Susan Jeffers stellt in ihrem wunderbaren Buch Feel the fear – and do it anyway (deutsch: Selbstvertrauen gewinnen) die Methode des Pain-to-Power-Charts vor. Grundprinzip ist, dass man sich ein bestimmtes Ziel gesetzt hat, das man erreichen möchte. Aber es haut irgendwie nicht hin. Dies ist besonders oft der Fall, wenn man sich neue Verhaltens- oder Vorgehensweisen angewöhnen will. Das Nichterreichen oder Nichtverfolgen des Zieles quält und belastet einen vielleicht (deshalb „pain"). Das aktive Angehen oder gar das Erreichen des Zieles beflügelt dagegen und gibt Zufriedenheit und Kraft (deshalb „power"). Das Ganze sieht dann so aus:

PAIN → → → → → POWER

Schreiben Sie Ihr Ziel über das Chart. Wie das Ziel lautet, ist zweitrangig – es kann sehr komplex sein, wie „selbstständig machen", oder auch ganz eng gefasst, wie „morgens regelmäßig frühstücken". Hängen Sie das Chart am besten an eine Pinnwand und stecken Sie eine Nadel an die Stelle der Skala, wo Sie sich momentan (ehrlich) sehen. Wenn Sie also ganz am Anfang stehen, dann wird es weiter links sein. Immer, wenn Sie denken, dass Sie wirkliche Fortschritte gemacht haben, rücken Sie die Stecknadel weiter nach rechts. Aber auch hier gilt: realistisch einschätzen. Sie „dürfen" große Sprünge auf dem Chart nur dann machen, wenn Sie sie auch im wirklichen Leben vollzogen haben.

Punkte geben

Für regelmäßige Aktivitäten, die Sie sich vornehmen, eignet sich das Punktegeben hervorragend. Das Prinzip ist einfach: Kaufen Sie sich bunte Klebepunkte im Schreibwarenhandel und einen Wandkalender, den Sie so aufhängen, dass Sie ihn immer im Blick behalten. Wenn Sie das schaffen, was Sie sich vorgestellt haben, erhalten Sie einen Punkt.

... Beispiel: Sie nehmen sich vor, künftig regelmäßig ins Fitnessstudio zu gehen, und peilen dreimal pro Woche an. Immer, wenn Sie eine Sportstunde gemacht haben, kleben Sie einen Punkt auf Ihren Wandkalender. Vielleicht gehen Sie in einer Woche öfter oder machen zwei Stunden hintereinander – in einer anderen Woche gehen Sie nur einmal. Wenn Sie konsequent bleiben, werden Sie sich nicht nur über jeden erreichten Punkt (und damit über die Umsetzung Ihres Zieles!) freuen, sondern Sie sehen auch sofort, wenn Sie schludern oder Ihr Ziel vernachlässigen. Das Sichtbarmachen von Erfolg und von Bummelei hat enorme Auswirkungen. Probieren Sie es aus! Die Punkte-Methode ist vielseitig anwendbar: Vielleicht haben Sie sich entschieden abzunehmen und möchten auf Schokolade verzichten – vielleicht wollen Sie einen Schwerpunkt auf Ihr Privatleben setzen und wieder mehr mit Freunden unternehmen. Auch hier kann es als Anfangshilfe sehr viel nützen, sich deutlich sichtbar vor Augen zu führen, was Sie dafür unternommen haben.

Mit Freude dranbleiben – niemals etwas erzwingen

Natürlich ist es wichtig, am Ball zu bleiben, auch wenn es um eine Extra-Anstrengung geht. Niemals etwas zu erzwingen heißt nicht, dass man gleich aufgibt oder weniger macht, nur weil man die Anstrengung scheut. Wenn Sie ein Ziel verfolgen, dann bedeutet das eben in der Regel, dass Sie sich entsprechend dafür einsetzen müssen. Praktisch alles, was man erreichen will, ist auch mit „Handwerk" verbunden. Ob Sie lernen möchten, richtig gut zu tanzen, ob Sie eine Führungsposition anstreben und ein toller Chef werden wollen oder ob Sie sich und Ihr ganzes Lebensumfeld neu gestalten wollen – manchmal kann das ganz schön anstrengend sein. Aber erinnern Sie sich immer daran: Sie tun es für sich! Übrigens: Im Englischen gibt es den schönen Begriff „commitment" – der mehr und mehr Einzug in die deutsche Sprache hält. Tatsächlich ist er an dieser Stelle angebrachter als der Begriff „Verpflichtung". Commitment schließt nämlich neben der Verpflichtung/dem Festlegen außerdem Hingabe, Einsatz und Engagement mit ein.

Genießen Sie Ihre Erfolge!

Eine gute Möglichkeit sich selbst zu motivieren ist es, Fortschritte und Erfolge bewusst wahrzunehmen und sich darüber zu freuen. Das können zum einen erreichte Teilziele sein (etwa die Zwischenprüfung einer beruflichen Fortbildung), es kann aber auch ihre bisher gezeigte Ausdauer betreffen. Oft konzentrieren sich Menschen nur auf das, was vor Ihnen liegt und noch nicht geschafft ist. Dabei werden die erfolgreichen Schritte und Anstrengungen leicht übersehen oder gar als selbstverständlich abgetan. Zollen Sie sich selbst aufrichtige Anerkennung – auch für die kleinen Schritte, die Sie auf Ihr Ziel zugegangen sind. Seien Sie stolz auf sich, dass Sie die Dinge aktiv in die Hand nehmen und dranbleiben. Manche Menschen sind besonders motiviert, wenn sie sich so richtig belohnen: sich etwas Schönes zum Anziehen kaufen oder sich ein tolles Essen leisten. Wenn das bei Ihnen gut funktioniert und es Sie wirklich freut, dann gönnen Sie sich ruhig etwas Besonderes! Am besten ist es, den Erfolg gemeinsam mit anderen zu feiern und darüber sprechen zu können. Auch wenn es sich vielleicht um Kleinigkeiten handelt, die anderen banal erscheinen mögen – Hauptsache Sie sind stolz darauf!

Ganz gleich, in welcher Form Sie sich Ihre Erfolge bewusst vor Augen halten und sich selbst auf die Schulter klopfen: Nur tun Sie's! Jeder Schritt bringt Sie Ihrem Ziel näher.

Meine Entscheidung

1. Meine Entscheidung: (Formulieren Sie ganz konkret, was Sie erreichen möchten.)

   Ich werde

   ....

   ....

2. Meine Motivation:

   ....

   ....

3. Mein Gewinn, wenn ich dieses Ziel weiterverfolge/erreicht habe:

   ....

   ....

4. Mein Ziel hat folgende Teilziele:

   ....

   ....

Dieses Arbeitsblatt finden Sie auch auf der beiliegenden CD.

Mein Aktionsplan

(Teil-)Ziel:

To do	bis wann	mithilfe von	erreicht

Dieses Arbeitsblatt finden Sie auch auf der beiliegenden CD.

Interview:

„Eigentlich stelle ich immer wieder fest, dass ich meiner Intuition folgen sollte ...“

Helena ist gebürtige Schwedin. Sie hat schon viele lebensverändernde Entscheidungen getroffen, allen voran die, immer wieder in unterschiedlichen Ländern zu leben (Schweden, Österreich, Deutschland, Spanien).

Wenn ich große Entscheidungen in meinem Leben treffe, entstehen diese immer aus einem langen Prozess.
Das Minimum ist ein Jahr, meistens dauert es länger. Am Anfang steht die Idee, die zunächst ziemlich verrückt und undurchführbar wirkt. Im selben Moment merke ich an meiner Körperreaktion, vor allem im Magen, dass sie etwas Spannenendes und Tolles für mich bedeutet. Nun brauche ich viel Zeit, um die Idee zu verwirklichen, weil große Veränderungen damit verbunden sind und es mir gleichzeitig sehr viel Angst macht. Oder ich bin einfach noch nicht so weit. Kurz nachdem der Gedanke entstanden ist, suche ich nach Information und erkundige mich nach Möglichkeiten. Danach lasse ich das Ganze meistens ruhen, gehe es allerdings ab und zu in Gedanken durch, sammle sporadisch weitere Informationen und bearbeite sie wahrscheinlich im Unterbewusstsein. Ich rede aber noch nicht mit anderen drüber. Nach einer langen Zeit – manchmal erst nach Jahren! – wird das Gefühl stärker, dass ich handeln sollte.

Wenn ich schließlich entscheide, die Veränderung durchzuführen, hat jemand oder etwas mich dazu angestoßen.
Dieser Anstoß kann alles sein: vom Kommentar eines Freundes über ein Buch bis zu einem Traum, den ich hatte. Danach entsteht wieder eine Inkubationszeit ohne Handeln. Ist es dann endlich so weit, höre ich mich selbst mit anderen Leuten über die Veränderung sprechen und bin von meinen eigenen Worten überrascht. Dann weiß ich, dass ich meinen Plan durchführen werde. Wenn ich zur Tat schreite, bin ich alles so oft durchgegangen, dass es keine Zweifel mehr gibt. Was aber nicht heißt, dass es leicht wäre, vor allem wenn andere Personen betroffen sind und es für sie auch schmerzlich ist.

Eigentlich stelle ich immer wieder fest, dass ich meiner Intuition folgen sollte, was ich nicht immer tue.

Manchmal ignoriere ich mein Gefühl, handle dagegen und stelle immer wieder fest, mein erstes Bauchgefühl war doch richtig. Ich bin fest davon überzeugt, dass wir alle wissen, was eigentlich für uns richtig ist, nur lassen wir viele Einflüsse an uns heran und ignorieren unser Gefühl und unsere Intuition. Wir führen uns selber hinters Licht; früher oder später kommt die Wahrheit aber doch heraus. Ich erinnere mich an viele Fälle, wo mir ein erster Gedanke durch den Kopf schoss, auf den ich aber nicht hörte. Zum Schluss stellte sich dann heraus, dass dieser erste Gedanke natürlich ganz richtig war.

Wenn ich noch nicht hundertprozentig überzeugt bin, was ich tun soll, lasse ich mich von anderen beeinflussen.

Habe ich mich entschieden, können mich die Meinungen anderer nicht davon abbringen, und es ist mir egal, was andere sagen. Weniger dramatische Entscheidungen kann ich Monate hin und her wälzen, ohne zu wissen, was ich tun soll. Vor allem wenn ich zwischen zwei oder mehr Möglichkeiten wählen soll. Zum Beispiel weiß ich zurzeit nicht, ob ich mit Yoga weitermachen oder lieber QiGong ausprobieren soll. Eine typische Entscheidung, über die ich ziemlich lang grübeln kann, obwohl ich weiß, dass sie im Grunde nicht wahnsinnig wichtig ist.

Zum Schluss folge ich meinem Gefühl und denke mir einige gut klingende Argumente aus, die für meine Entscheidung sprechen.

Anhang

Buchtipps

Entscheidungen treffen

Annette Krenovsky/Wilfried Reiter, *Es irrt nicht nur der Chef. Erkennen Sie die fatalsten Denkfehler im Beruf und entscheiden Sie richtig,* München: Kösel Verlag, 2003

Marco von Münchhausen, *So zähmen Sie Ihren inneren Schweinehund,* München: Piper Verlag, 2004

Beruf & Karriere

Richard N. Bolles/Madeleine Leitner, *Durchstarten zum Traumjob. Das Handbuch für Ein-, Um- und Aufsteiger,* Frankfurt: Campus, 2003

Stephen R. Covey, *Die sieben Wege zur Effektivität,* München: Heyne, 2000

Stephen R. Covey u. a., *Der Weg zum Wesentlichen,* Frankfurt: Campus Verlag, 2003

Nina von Mandelsloh/Janette Sorokin, *Kind & Job – das schaffe ich,* München: Gräfe & Unzer, 2002

Christine Öttl/Gitte Härter, *Zweite Chance Traumjob. Mehr Erfolg durch berufliche Neuorientierung,* München: Moderne Industrie, 2002

Heike Reuther, *Berufliche Auszeit,* München: Gräfe & Unzer, 2002

Chris Roebuck, *Professionell delegieren,* München: Mvg, 2001

Thomas Wieke, *Kreativität im Job,* Frankfurt am Main: Eichborn Verlag, 2002

Persönlichkeit

Susanne Dölz, *Sich durchsetzen,* Planegg: Haufe Verlag, 2003

Jaya Herbst, *Schon wieder ich! Über die Opferrolle und wie wir uns davon befreien,* München: Kösel Verlag, 2002

Susan Jeffers, *Selbstvertrauen gewinnen,* München: Kösel Verlag, 2003

Christine Öttl/Gitte Härter, *Ich-Marketing,* München: Gräfe & Unzer, 2002

Monica Ramirez Basco, *Wenn Perfektionismus zur Qual wird ... So befreien Sie sich von zu hohen Ansprüchen,* München: Mvg, 2000

Michael A. Reiter, *Ihre Ausstrahlung erkennen, entwickeln und gezielt einsetzen,* Planegg: Haufe Verlag, 2002

Doris Wolf, *Ab heute kränkt mich niemand mehr,* Mannheim: PAL Verlag, 2003

Doris Wolf, *Keine Angst vor dem Erröten. Psychologische Strategien zur Selbsthilfe,* Mannheim: PAL Verlag, 1998

Kommunikation

Tanja Baum, *Die Kunst, freundlich „Nein" zu sagen,* Ueberreuther Verlag, 2001

Nele Haasen, *Mut zu klaren Worten,* München: Kösel Verlag, 2003

Lorenz Haschtmann, *Karriere statt Konflikte*, München: Gräfe & Unzer, 2001

Eva Neumann, *Ich bin da anderer Meinung … Schwierige Gespräche leicht gemacht*, Freiburg: Herder, 2003

Friedemann Schulz von Thun, *Miteinander reden*, Bd. 1–3, Reinbek bei Hamburg: Rowohlt, 2003

Wolfgang Stoffel, *Geschickt fragen*, Regensburg: Walhalla Fachverlag, 1999

Webtipps

entscheidungen-treffen.de
Website der Autorin zum Thema dieses Buches mit interessantem Seminarangebot von Präsenzkursen, Online-Coaching und Inhouse-Seminaren für Unternehmen.

selbstmarketing.de
Website der Autorin mit umfassenden Online-Tipps rund um Beruf und Karriere

zeitzuleben.de
Online-Ratgeber rund um Erfolg, Zufriedenheit, Persönlichkeitsentwicklung und Lebensqualität

tippscout.de
Tipps zu allen möglichen Lebensbereichen

wer-weiss-was.de
hilfreiches (kostenfreies) Wissens- und Expertenforum mit breitem Themenspektrum

mwonline.de
Online-Magazin rund um Management, Führung – sehr hilfreich: Ideenfabrik, unter anderem mit Tipps rund um die Problemlösung

Inhaltsverzeichnis der CD-ROM

- Selbst-Check: Risikobereitschaft (risiko.rtf)
- Selbst-Check: Wie gehe ich mit Fehlern um? (fehler.rtf)
- Selbst-Check: Unterscheide ich zwischen beruflichen und privaten Entscheidungen? (untersch.rtf)
- Selbst-Check: Bestandsaufnahme (bestand.rtf)
- Selbst-Check: Abhängigkeit & Spekulationen (spekula.rtf)
- Selbst-Check: Positive Gefühle (positive.rtf)
- Selbst-Check: Gefühle mit „Brems-Potenzial" (bremsen.rtf)
- Selbst-Check: Verstand/Gefühle (verstand.rtf)
- Arbeitsblatt: Worum geht's? – Ihre anstehende Entscheidung im Überblick (entschei.rtf)
- Arbeitsblatt: Der aktuelle Stand der Dinge (aktuell.rtf)
- Arbeitsblatt: Befürchtungen und Hindernisse (hindern.rtf)
- Arbeitsblatt: Die spontane Entscheidung (spontan.rtf)
- Arbeitsblatt: Die Meinung anderer (andere.rtf)
- Arbeitsblatt: Meine Entscheidung (meine.rtf)
- Arbeitsblatt: Mein Aktionsplan (aktion.rtf)

Alle Dateien im Rich-Text-Format (rtf) können mit jedem Textverarbeitungsprogramm, zum Beispiel MS Word, geöffnet und bearbeitet werden. Von jeder Datei gibt es zusätzlich eine pdf-Version für den Acrobat Reader.

Über die Autorin

Gitte Härter ist seit 1999 – gemeinsam mit Christine Öttl – selbstständig mit dem Unternehmen objektiv. Coaching und Training für Business & Karriere in München.

Wir coachen und trainieren

- in Bewerbungs- und Karrierefragen
- bei persönlichen Themen und Entscheidungen
- Selbstständige

... und wir schreiben Bücher. Bisher sind bereits über ein Dutzend erschienen, unter anderem zu den Themen Schlagfertigkeit, Teamwork, Networking, Ich-Marketing, Bewerbung, Organisation, Kundenakquise. Details zu den Büchern finden Sie auf unserer Internetseite.

Weitere Tipps gefällig?

Auf unserer Website *www.selbstmarketing.de* finden Sie zahlreiche Online-Tipps zu den Themen Bewerbung, Karriere, Motivation, Selbstmanagement, Lebensqualität, Mitarbeiterführung und Selbstständigkeit.

Schauen Sie vorbei – und abonnieren Sie unseren kostenlosen E-Mail-Newsletter. Dann sind Sie immer über unsere neuesten Tipps auf dem Laufenden.

Ich freue mich auf Ihr Feedback und informiere Sie gerne über unsere Coachings!

Gitte Härter
Telefon (0 89) 36 10 78 47
E-Mail: *gitte@selbstmarketing.de*